COOKIES & Co.

COOKIES & Co.

80 Rezepte für selbst gebackene Köstlichkeiten

LOVE FOOD™

LOVE FOOD ® is an imprint of Parragon Books Ltd

Parragon Books Ltd
Chartist House
15–17 Trim Street
Bath BA1 1HA, UK

Realisation der deutschen Ausgabe: trans texas publishing, Köln
Satz & Redaktion: Lesezeichen Verlagsdienste, Köln

ISBN: 978-1-4454-6671-2

Printed in China

Hinweis
In diesem Buch werden u.a. die Maßeinheiten „Teelöffel (TL)“ und „Esslöffel (EL)“ verwendet. Ein Teelöffel entspricht 5 Millilitern, ein Esslöffel 15 Millilitern. Wenn nicht anders angegeben, gilt außerdem: Milch = Vollmilch, Eier und einzelne Gemüse haben mittlere Größe, Pfeffer = frisch gemahlener schwarzer Pfeffer.

Die Garzeiten beschreiben nur einen ungefähren Wert und können variieren, ebenso die Zubereitungszeit. Die Zubereitung von Zutaten nach Belieben, von Variationen oder Serviervorschlägen wurde nicht mit einberechnet.

Rohe oder nur leicht gegarte Eier sollten von Kindern, älteren Menschen, Schwangeren oder Kranken nicht verzehrt werden. Schwangere und stillende Mütter sollten außerdem den Verzehr von Erdnüssen und Erdnussprodukten vermeiden. Einige Rezepte in diesem Buch verwenden Fertigzutaten, die möglicherweise Nüsse oder Spuren von Nüssen enthalten, für Nussallergiker ist entsprechend Vorsicht geboten. Lesen Sie immer die Zutatenliste, bevor Sie ein Produkt verwenden.

INHALT

EINLEITUNG

Es gibt wohl kaum etwas Verlockenderes als das betörende Aroma von frisch Gebackenem. In ein noch warmes Gebäckstück aus dem eigenen Ofen zu beißen, ist einfach unwiderstehlich und lecker! Plätzchen, Cookies, Kekse und andere gebackene Kleinigkeiten lassen sich sehr leicht und schnell herstellen, schmecken viel besser als fertig gekaufte – und ohne künstliche Aromastoffe und Konservierungsmittel sind sie zudem viel gesünder.

Backen bietet außerdem eine großartige Gelegenheit, Kinder einzubeziehen. Und wie gern rühren die Kleinen Zutaten in der Schüssel zusammen, rollen den Teig aus und dekorieren begeistert Plätzchen!

Hat Sie erst einmal das Backfieber gepackt, werden Sie immer mehr Bleche voll frischer Köstlichkeiten backen und dabei stets neue Zutaten ausprobieren wollen. Solche Leckerbissen eignen sich ideal für die Frühstücksbox, für den Nachmittagskaffee mit Freunden sowie als Geschenk. Luftdicht verpackt lassen sich Cookies, Kekse und Plätzchen länger aufbewahren als Kuchen.

Hübsch eingepackt ist selbst Gebackenes das perfekte Mitbringsel für einen Familienbesuch oder eine Party und die unschlagbare Spende für einen Verkaufsbasar. Die Geschenkanhänger auf den letzten Seiten dieses Buches verleihen Ihren Backkreationen eine zusätzliche individuelle Note. Verpacken Sie sie in einem luftdichten Gefäß, einem Zellophanbeutel oder in einer hübschen Schachtel. Schneiden Sie anschließend einen der Anhänger aus, beschriften Sie ihn und binden Sie ihn mit einer hübschen Schleife um Ihr selbst gebackenes Geschenk.

Einige Grundregeln

Sobald Sie mit einigen Grundregeln vertraut sind, wird Ihnen das Backen leicht fallen – und bereits nach den ersten Erfolgen werden Sie sich kaum noch bremsen können.

- Lesen Sie ein Rezept stets vollständig durch, bevor Sie mit dem Backen beginnen. Stellen Sie sämtliche Zutaten zusammen und wiegen Sie sie genau ab.
- Müssen Zutaten in Scheiben geschnitten, zerrieben oder auf andere Art zerkleinert werden, tun Sie dies, bevor Sie sie mischen.
- Heizen Sie den Ofen auf die angegebene Temperaturstufe vor.
- Vor Verwendung sollten alle Zutaten Raumtemperatur haben.
- Haben Sie Geduld! Erfordert ein Rezept, den Teig vor der Weiterverarbeitung kühl zu stellen, rechnen Sie dies in Ihre Vorbereitungszeit mit ein.
- Bei Kuchenformen kommt es auf die richtige Größe an: Wählen Sie in jedem Fall die im Rezept angegebene Form und Größe.
- Bewahren Sie Plätzchen und Kuchen getrennt voneinander auf, am besten in luftdichten Behältern. Die Plätzchen werden ansonsten feucht und weich.

Beim Plätzchenbacken können Sie stets die doppelte Menge Teig herstellen und die übrige Portion einfrieren. So vermeiden Sie bei einer überraschenden Einladung zu einem Fest Einkäufe in letzter Minute und können allseits beliebte Geschenke mitbringen. Wickeln Sie den Teig in Frischhaltefolie ein und bewahren Sie ihn einige Stunden im Kühlschrank auf, bevor Sie ihn gut verschlossen in einem Gefrierbeutel in den Tiefkühlschrank legen. Wer viel Platz in einer Gefriertruhe hat, kann ausgestochene Plätzchen auf dem Blech einfrieren, und diese – hart gefroren – dann erst in Gefrierbeutel füllen. Sie können später ohne aufzutauen wieder auf Bleche gelegt und gebacken werden. Dickere Teigportionen brauchen mindestens 30 bis 90 Minuten zum Auftauen bei Zimmertemperatur, bevor sie weiter zum Backen verwendet werden können. Plätzchenteig hält sich im Gefrierschrank wenigstens 4 bis 6 Wochen.

Backutensilien

Sie benötigen keine spezielle Ausrüstung zum Plätzchenbacken; einige Utensilien sollten Sie jedoch zur Hand haben:

- eine Küchenwaage oder einen Messbecher sowie Tee-und Esslöffel
- einen Holzlöffel zum Rühren
- eine Teigrolle zum Ausrollen des Teigs
- eine kleine Pfanne zum Auslassen von Butter (Sie können sie auch in einer kleinen Schale kurz in die Mirowelle stellen.)
- ein Backblech, besser mehrere
- Ausstecher in verschiedenen Größen und Formen
- ein Palettenmesser, um die Plätzchen vom Backblech zu heben
- ein Kuchengitter, besser mehrere.

Vorratshaltung

Prüfen Sie Ihren Backzutatenvorrat regelmäßig auf Lebensmittel mit Verfallsdatum, da einige schnell schlecht werden. Zur Grundausstattung gehören:

- Samen: Sesam, Mohn sowie Sonnenblumen-, und Kürbiskerne
- Nüsse/Kerne: Mandeln, Hasel- und Walnüsse sowie Pinienkerne
- Trockenfrüchte und Beeren: Rosinen, Sultaninen, Blaubeeren, Aprikosen, Backpflaumen, Cranberrys, Bananen und Sauerkirschen
- Gewürze: Zimt, Ingwer, Muskat und Vanillezucker
- Schokolade und Schokostreusel: weiße, Vollmilch- und Zartbitterschokolade, als Tafelware, Streusel oder als Tropfen
- Zucker: weißer und brauner (Demerara- oder Muskovado-) Zucker sowie Puderzucker; mit grobkörnigem Zucker wird das Gebäck knuspriger als mit feinem.
- Mehl: glattes weißes und Vollkornmehl; Vollkornmehl verleiht dem Gebäck Extrafaserstoffe, einen nussigen Geschmack und dichtere Konsistenz.
- Speisestärke für Feingebäck

Einer der großen Vorteile beim Backen von Plätzchen und Cookies besteht darin, dass Sie sich nicht immer strikt an die im Rezept aufgeführten Zutaten halten müssen. Vieles lässt sich nach Geschmack oder Vorrat ersetzen – Mandeln durch Walnüsse, zum Beispiel, oder Rosinen durch Cranberrys –, ohne das Gelingen zu gefährden. Vermeiden Sie jedoch frische Früchte, da ihr Saft den Teig verflüssigt und oft auch unschön verfärbt, das gilt vor allem für Beeren. Plätzchen und Cookies zu backen macht Spaß, ist einfach und eine hervorragende Gelegenheit, in kurzer Zeit besondere Leckereien auf den Tisch zu zaubern. Also: Ab in die Küche, und los geht's!

Klassiker

Schokosplitter-Cookies

Ergibt 8 Stück

weiche Butter, zum Einfetten

175 g Mehl

1 TL Backpulver

125 g weiche Margarine

80 g Muscovado-Zucker

50 g Zucker

½ Tütchen Vanillezucker

1 Ei

125 g Zartbitter-Schokostückchen

Den Backofen auf 190 °C vorheizen. Zwei Backbleche leicht einfetten.

Alle Zutaten in eine große Rührschüssel geben und zu einem glatten Teig verarbeiten.

Esslöffelgroße Portionen Teig in ausreichendem Abstand auf das vorbereitete Backblech legen. Der Teig läuft beim Backen auseinander.

Im vorgeheizten Ofen 10–12 Minuten goldbraun backen. Anschließend die Cookies auf ein Kuchengitter legen und abkühlen lassen.

Variation

Nach Belieben Zartbitter- durch Vollmilchschokolade ersetzen.

Knusprige Hafer-Cookies

Ergibt 30 Stück

175 g Butter oder Margarine, plus etwas mehr zum Einfetten

275 g Demerara-Zucker

1 Ei

4 EL Wasser

1 Tütchen Vanillezucker

375 g zarte Haferflocken

140 g Mehl

1 TL Salz

½ TL Natron

Den Backofen auf 180 °C vorheizen. Zwei Backbleche einfetten.

Butter und Zucker in einer großen Schüssel hell und cremig rühren. Ei, Wasser und Vanillezucker hinzufügen und zu einer glatten Masse verrühren. Haferflocken, Mehl, Salz und Natron in einer weiteren Schüssel mischen, dann nach und nach unter die Eimasse heben und gut vermengen.

Esslöffelgroße Portionen Teig in ausreichendem Abstand auf die vorbereiteten Backbleche geben. Der Teig läuft beim Backen auseinander. Im vorgeheizten Ofen 15 Minuten goldbraun backen.

Herausnehmen und auf Kuchengittern vollständig abkühlen lassen.

Variation

Geben Sie eine Handvoll Sultaninen zum Teig.

Weiße Schoko-Cookies

Ergibt 24 Stück

125 g weiche Butter, plus etwas mehr zum Einfetten
125 g brauner Zucker
1 Ei, verquirlt
250 g Mehl
2 TL Backpulver
1 Prise Salz
125 g weiße Schokolade, gehackt
50 g Paranüsse oder Walnüsse, gehackt

Den Backofen auf 190 °C vorheizen. Zwei Backbleche leicht einfetten. Butter und Zucker in einer Schüssel cremig schlagen, dann das verquirlte Ei unterrühren.

Mehl, Backpulver und Salz über die Buttermasse sieben und alles gut vermengen. Zuletzt Schokolade und Nüsse einarbeiten.

24 teelöffelgroße Teighäufchen in ausreichendem Abstand auf die Backbleche setzen. Der Teig läuft beim Backen stark auseinander.

Die Cookies 10–12 Minuten goldbraun backen, anschließend auf einem Kuchengitter abkühlen lassen.

Tipp

Schokolade lässt sich am einfachsten mit einem warmen Messer in Stücke schneiden.

Basiskekse

Ergibt 25 Stück

175 g Mehl, plus etwas mehr zum Bestäuben
¼ TL Muskatnuss
120 g weiche Butter
50 g Zucker

Den Backofen auf 180 °C vorheizen.

Mehl und Muskatnuss in eine große Schüssel sieben. Butter dazugeben und den Teig mit den Fingern zu einer krümeligen Masse verreiben. Anschließend den Zucker zugeben und die Masse zu einem festen Teig kneten.

Den Teig auf einer leicht mit Mehl bestäubten Arbeitsfläche 5 mm dick ausrollen.

Mit einem runden, mit Mehl bestäubten Förmchen 25 Kekse ausstechen und den verbleibenden Teig wieder ausrollen. Legen Sie die Kekse auf zwei beschichtete Backbleche.

Im vorgeheizten Ofen 8–10 Minuten goldgelb backen. Danach die Kekse auf ein Kuchengitter heben und abkühlen lassen.

Variation
Geben Sie eine Messerspitze Zimt zum Teig.

Rosinen-Haselnuss-Cookies

Ergibt etwa 30 Stück

50 g Sultaninen, gehackt
125 ml Orangensaft
250 g weiche Butter
150 g Zucker
1 Eigelb, leicht verquirlt
2 Tütchen Vanillezucker
250 g Mehl
1 Prise Salz
50 g kernige Haferflocken
50 g Haselnüsse, gehackt
etwa 30 abgezogene ganze Haselnüsse, zum Dekorieren

Den Backofen auf 190 °C vorheizen. Ein Backblech mit Backpapier auslegen. Die Sultaninen in einer Schüssel mit Orangensaft übergießen und 10 Minuten zugedeckt ziehen lassen.

Butter und Zucker in einer Schüssel cremig rühren, dann Eigelb und Vanillezucker zugeben. Das Mehl und Salz darübersieben. Haferflocken und gehackte Nüsse zufügen. Die Sultaninen abtropfen lassen und mit einem Holzlöffel unter den Teig rühren, bis alle Zutaten gut miteinander vermengt sind.

Aus dem Teig esslöffelgroße Portionen abstechen und in ausreichendem Abstand auf das vorbereitete Backblech legen. Die Häufchen leicht flachdrücken und in die Mitte jedes Cookies eine Haselnuss setzen.

12–15 Minuten goldbraun backen. Zum Abkühlen zunächst 5–10 Minuten auf dem Backblech liegen lassen, dann mit einem Palettenmesser auf ein Kuchengitter heben und vollständig abkühlen lassen.

Erdnussbutter-Cookies

Ergibt 12–15 Stück

175 g Mehl

½ TL Backpulver

½ TL Salz

250 g feine Erdnussbutter

120 g weiche Butter

1 Tütchen Vanillezucker

120 g brauner Zucker

100 g Zucker

2 Eier

Mehl, Backpulver und Salz in eine Schüssel sieben und beiseitestellen.

In einer weiteren Schüssel Erdnussbutter, Butter und Vanillezucker zu einem glatten Teig vermengen. Beide Zuckerarten 1 Minute unterrühren, anschließend beide Eier dazugeben. Die Mehlmasse nach und nach einarbeiten. Den Teig in Frischhaltefolie wickeln und mindestens 2 Stunden im Kühlschrank ruhen lassen.

Den Backofen auf 180 °C vorheizen. Ein Backblech mit Backpapier auslegen oder einfetten. Aus dem Teig 5 cm dicke Kugeln formen und in ausreichendem Abstand auf das vorbereitete Backblech legen. Mit einer Gabel flachdrücken und dabei über Kreuz Muster hineindrücken. Im vorgeheizten Ofen 15 Minuten goldbraun backen. Zum Abkühlen die Cookies aus dem Ofen nehmen und zunächst 5 Minuten auf dem Backblech liegen lassen. Anschließend mit einem Palettenmesser auf ein Kuchengitter heben und vollständig abkühlen lassen.

Gewürz-Cookies mit Rum

Ergibt 18 Stück

175 g weiche Butter, plus etwas mehr zum Einfetten
175 g Muscovado-Zucker
225 g Mehl
eine Prise Salz
½ TL Backpulver
1 TL Zimt
¼ TL Koriander
½ TL Muskatnuss
¼ TL Gewürznelken
2 EL dunkler Rum

Den Backofen auf 180 °C vorheizen. Zwei Backbleche leicht einfetten.

Butter und Zucker hell und luftig aufschlagen. Mehl, Salz, Backpulver, Zimt, Koriander, Muskatnuss und Gewürznelken über die Butter-Zucker-Masse sieben und einarbeiten. Anschließend den Rum hineinrühren.

Aus dem Teig 18 esslöffelgroße Portionen in ausreichendem Abstand auf die vorbereiteten Backbleche legen. Die Teighäufchen mit der Rückseite eines Löffels etwas flachdrücken.

Im vorgeheizten Ofen 10–12 Minuten goldbraun backen. Die Cookies vor dem Servieren auf einem Kuchengitter abkühlen lassen.

Variation

Nach Belieben eine Handvoll Rosinen zum Teig geben.

Schokocreme-Doppeldecker

Ergibt etwa 15 Stück

125 g weiche Butter

75 g Puderzucker

125 g Mehl

40 g Kakaopulver

½ TL Zimt

Füllung

125 g Zartbitterschokolade, in Stücke gebrochen

50 g Sahne

Den Backofen auf 160 °C vorheizen und ein Backblech mit Backpapier auslegen.

Butter und Zucker in eine große Schüssel geben und schaumig rühren. Mehl, Kakao und Zimt darübersieben und alles zu einem Teig verarbeiten.

Den Teig zwischen zwei Lagen Backpapier 3 mm dick ausrollen. Mit einem Förmchen (6 cm Ø) Kreise ausstechen und auf das vorbereitete Backblech legen. Im vorgeheizten Ofen etwa 15 Minuten backen, bis die Plätzchen fest sind. Aus dem Ofen nehmen und auf dem Backblech 2 Minuten abkühlen lassen. Dann auf ein Kuchengitter heben und abkühlen lassen.

Für die Füllung Schokolade und Sahne in einem Topf bei geringer Hitze unter Rühren erwärmen, bis die Schokolade geschmolzen ist. Die Masse glattrühren. Abkühlen lassen und 2 Stunden im Kühlschrank fest werden lassen. Jeweils einen Esslöffel der Ganache auf einem Plätzchen verstreichen und ein zweites Plätzchen daraufsetzen.

Ingwerkekse

Ergibt 30 Stück

125 g Butter, plus etwas mehr zum Einfetten
350 g Mehl
3 TL Backpulver
1 Prise Salz
200 g Zucker
1 EL Ingwerpulver
1 TL Natron
75 g goldklarer Sirup
1 Ei, verquirlt
1 TL abgeriebene Orangenschale

Den Backofen auf 160 °C vorheizen. Zwei Backbleche einfetten.

Mehl, Backpulver, Salz, Zucker, Ingwerpulver und Natron in eine große Schüssel sieben.

Butter und Sirup in einem Topf bei geringer Hitze zerlassen. Vom Herd nehmen, leicht abkühlen lassen und zu den trockenen Zutaten gießen.

Ei und Orangenschale zufügen und alles zu einem glatten Teig verarbeiten. Mit den Händen behutsam 30 gleich große Kugeln formen. Die Kugeln in ausreichendem Abstand auf die vorbereiteten Backbleche setzen und mit den Fingern flachdrücken.

Im vorgeheizten Ofen 15–20 Minuten backen, dann vorsichtig zum Abkühlen auf Kuchengitter heben.

Super-Schoko-Cookies

Ergibt etwa 30 Stück

250 g weiche Butter
150 g Zucker
1 Eigelb, leicht verquirlt
2 Tütchen Vanillezucker
250 g Mehl
25 g Kakaopulver
1 Prise Salz
350 g Zartbitterschokolade, gehackt
50 g getrocknete Sauerkirschen, gehackt

Den Backofen auf 190 °C vorheizen. Zwei Backbleche mit Backpapier auslegen.

Butter und Zucker in einer Schüssel cremig schlagen, dann Eigelb und Vanillezucker zugeben. Mehl, Kakaopulver und Salz darübersieben. Schokolade und Sauerkirschen zufügen und mit einem Holzlöffel unterrühren, bis alle Zutaten gut gemischt sind.

Aus dem Teig esslöffelgroße Portionen abstechen und zu Kugeln formen. In ausreichendem Abstand auf die Backbleche legen, dann die Kugeln leicht flachdrücken.

Die Cookies 12–15 Minuten backen. Auf dem Backblech zunächst 5–10 Minuten ruhen lassen, dann mit einem Palettenmesser auf Kuchengitter heben und vollständig abkühlen lassen.

Variation

Wer es noch süßer mag, nimmt Vollmilch- statt Zartbitterschokolade.

Plätzchen mit Karamellaugen

Ergibt etwa 25 Stück

250 g weiche Butter

150 g Zucker

1 Eigelb, leicht verquirlt

1 Tütchen Vanillezucker

300 g Mehl

1 TL Zimt

½ TL Lebkuchengewürz

1 Prise Salz

25–30 weiche Sahnekaramellbonbons

Den Backofen auf 190 °C vorheizen. Ein Backblech mit Backpapier auslegen.

Butter und Zucker in einer Schüssel cremig schlagen, dann Eigelb und Vanillezucker zugeben. Mehl, Zimt, Lebkuchengewürz und Salz darübersieben und mit einem Holzlöffel rühren, bis alle Zutaten gut miteinander vermengt sind.

Aus dem Teig esslöffelgroße Portionen abstechen und mit den Händen zu Kugeln formen. In ausreichendem Abstand auf das vorbereitete Backblech legen. Die Plätzchen 8 Minuten backen, dann alle mit je einem Karamellbonbon belegen und weitere 6–7 Minuten backen.

Herausnehmen und auf dem Backblech 5–10 Minuten ruhen lassen. Die Plätzchen anschließend mit einem Palettenmesser auf ein Kuchengitter heben und vollständig abkühlen lassen.

Variation
Statt Karamellbonbons eignen sich auch weiche Schokoladenbonbons.

Mini-Florentiner

Ergibt 20–30 Stück

75 g Butter

75 g Zucker

25 g Rosinen

25 g Belegkirschen, gehackt

25 g kandierter Ingwer, gehackt

25 g Sonnenblumenkerne

100 g Mandelblättchen

2 EL Sahne

175 g Zartbitter- oder Vollmilchschokolade, in Stücke gebrochen

Den Backofen auf 180 °C vorheizen. Zwei Backbleche mit Backpapier auslegen. Die Butter in einem Topf bei geringer Hitze zerlassen. Den Zucker zugeben und rühren, bis er sich aufgelöst hat, dann die Mischung aufkochen. Vom Herd nehmen und Rosinen, Belegkirschen, Ingwer, Sonnenblumenkerne sowie Mandeln einrühren. Gut mischen, dann die Sahne unterrühren.

Mit einem Teelöffel kleine Portionen in ausreichendem Abstand auf die Backbleche setzen. Im vorgeheizten Ofen 10–12 Minuten goldbraun backen. Aus dem Ofen nehmen und den Rand der Florentiner mit einer runden Ausstechform glätten. Abkühlen und fest werden lassen, dann vom Backpapier lösen.

Die Schokolade im Wasserbad schmelzen. Den Großteil der Schokolade auf einem Stück Backpapier verstreichen. Wenn sie gerade fest zu werden beginnt, die Florentiner mit der flachen Seite nach unten in die Schokolade drücken. Die Schokolade erstarren lassen.

Die Florentiner mithilfe des Förmchens ausstechen und das Backpapier abziehen. Die restliche erneut geschmolzene Schokolade auf der festen Schokoschicht der Florentiner verstreichen und mit einer Gabel Wellenmuster ziehen. Fest werden lassen.

Ingwerplätzchen mit Tupfen

Ergibt 20 Stück

250 g weiche Butter

150 g brauner Zucker

1 Eigelb, leicht verquirlt

50 g Ingwerpflaumen in Sirup, grob gehackt, plus 1 EL Sirup aus dem Glas

300 g Mehl

1 Prise Salz

50 g Zartbitterschokolade, gehackt

Butter und Zucker in einer Schüssel cremig schlagen, dann Eigelb und Ingwersirup zugeben. Mehl und Salz darübersieben. Ingwerstückchen und die Schokolade zufügen und mit einem Holzlöffel unterrühren, bis alle Zutaten gut vermengt sind. Den Teig zu einer dicken Rolle formen und in Frischhaltefolie gewickelt 30–60 Minuten im Kühlschrank ruhen lassen.

Den Backofen auf 190 °C vorheizen. Ein Backblech mit Backpapier auslegen.

Den Teig aus der Folie nehmen. Mit einem scharfen Messer mit Wellenschliff in 5 mm dicke Scheiben schneiden und in ausreichendem Abstand auf das Backblech legen.

Die Plätzchen 12–15 Minuten goldgelb backen. Zum Abkühlen zunächst 5–10 Minuten auf dem Backblech liegen lassen, danach mit einem Palettenmesser auf ein Kuchengitter heben und vollständig abkühlen lassen.

Mandelknuspergebäck

Ergibt etwa 50 Stück

250 g weiche Butter

150 g Zucker

1 Eigelb, leicht verquirlt

3 Tropfen Bittermandelaroma

250 g Mehl

1 Prise Salz

250 g Mandeln, abgezogen und gehackt

Butter und Zucker in einer Schüssel cremig schlagen, dann Eigelb und Bittermandelaroma zugeben. Mehl und Salz darübersieben. Die Mandeln zufügen und mit einem Holzlöffel unterrühren, bis alle Zutaten gut miteinander vermengt sind. Den Teig halbieren, Kugeln daraus formen und in Frischhaltefolie gewickelt 30–60 Minuten im Kühlschrank ruhen lassen.

Den Backofen auf 190 °C vorheizen. Zwei Backbleche mit Backpapier auslegen.

Den Teig aus der Folie nehmen und etwa 50 kleine Kugeln daraus formen. Zwischen den Handflächen leicht flachdrücken und in ausreichendem Abstand auf die Backbleche legen.

Die Plätzchen 15–20 Minuten goldgelb backen. Zum Abkühlen zunächst 10 Minuten auf den Backblechen liegen lassen, dann mit einem Palettenmesser auf Kuchengitter heben und vollständig abkühlen lassen.

Variation

Vor dem Backen etwas Marzipan in die Mitte jedes Plätzchens drücken.

Marmeladenringe

Ergibt etwa 15 Stück
250 g weiche Butter
150 g Zucker, plus etwas mehr zum Bestreuen
1 Eigelb, leicht verquirlt
2 Tütchen Vanillezucker
300 g Mehl
1 Prise Salz
1 Eiweiß, leicht verquirlt
50 g Zucker oder Hagelzucker

Füllung
50 g weiche Butter
100 g Puderzucker
5 EL Erdbeer- oder Himbeerkonfitüre

Butter und Zucker in einer Schüssel cremig schlagen, dann Eigelb und Vanillezucker zugeben. Mehl und Salz darübersieben und mit einem Holzlöffel unterrühren, bis alle Zutaten gut miteinander vermengt sind. Den Teig halbieren, Kugeln formen und in Frischhaltefolie gewickelt 30–60 Minuten im Kühlschrank ruhen lassen. Den Backofen auf 190 °C vorheizen. Zwei Backbleche mit Backpapier auslegen.

Den Teig dünn ausrollen. Mit einem runden Förmchen mit Wellenrand (7 cm Ø) Kreise ausstechen und die Hälfte davon auf das eine Backblech legen. Mit einem glatten, runden Förmchen (4 cm Ø) die Mitte der übrigen Kreise ausstechen und entfernen. Die Teigringe auf das zweite Backblech legen.

Die Plätzchen 7 Minuten backen. Anschließend nur die Ringe mit Eiweiß bestreichen und Hagelzucker darüberstreuen. Weitere 5–8 Minuten goldgelb backen. Zum Abkühlen zunächst 10 Minuten auf den Backblechen liegen lassen, dann auf Kuchengittern vollständig abkühlen lassen.

Für die Füllung Butter und Zucker in einer Schüssel verrühren. Die nicht ausgestochenen Plätzchen mit der Creme bestreichen und mittig darauf einen Klecks Konfitüre geben. Die Plätzchenringe daraufsetzen und leicht andrücken.

Italienische Biscotti

Ergibt etwa 30 Stück

250 g weiche Butter
150 g Zucker
fein abgeriebene Schale von 1 Zitrone
1 Eigelb, leicht verquirlt
2 EL Weinbrand
300 g Mehl
1 Prise Salz
80 g Pistazien, grob gehackt
Puderzucker, zum Bestäuben

Butter, Zucker und Zitronenschale in einer Schüssel cremig rühren, dann Eigelb und Weinbrand zugeben. Mehl und Salz darübersieben. Die Pistazien zufügen und mit einem Holzlöffel verrühren, bis alle Zutaten gut miteinander vermengt sind. Den Teig zu einer Rolle formen und leicht flachdrücken. In Frischhaltefolie gewickelt 30–60 Minuten im Kühlschrank ruhen lassen.

Den Backofen auf 190 °C vorheizen. Ein Backblech mit Backpapier auslegen.

Den Teig aus der Folie nehmen. Mit einem scharfen Messer mit Wellenschliff diagonal in 5 mm dicke Scheiben schneiden und in ausreichendem Abstand auf das vorbereitete Backblech legen.

Die Biscotti 10 Minuten goldgelb backen. Zum Abkühlen zunächst 5–10 Minuten auf dem Backblech liegen lassen, dann mit einem Palettenmesser auf ein Kuchengitter heben und vollständig abkühlen lassen. Zum Schluss mit Puderzucker bestäuben.

Cookies mit gemischten Früchten

Ergibt etwa 30 Stück

250 g weiche Butter
150 g Zucker
1 Eigelb, leicht verquirlt
300 g Mehl
½ TL Lebkuchengewürz
1 Prise Salz
25 g getrocknete Äpfel, fein gehackt
25 g getrocknete Birnen, fein gehackt
25 g entsteinte Backpflaumen, fein gehackt
abgeriebene Schale von 1 Orange

Butter und Zucker in einer Schüssel cremig schlagen, dann das Eigelb zugeben. Mehl, Lebkuchengewürz und Salz darübersieben. Das Trockenobst und die Orangenschale zufügen und mit einem Holzlöffel unterrühren, bis alle Zutaten gut miteinander vermengt sind. Den Teig zu einer dicken Rolle formen und in Frischhaltefolie gewickelt 30–60 Minuten im Kühlschrank ruhen lassen.

Den Backofen auf 190 °C vorheizen. Ein Backblech mit Backpapier auslegen.

Den Teig aus der Folie nehmen und mit einem scharfen Messer mit Wellenschliff in 5 mm dicke Scheiben schneiden. In ausreichendem Abstand auf das vorbereitete Backblech legen.

Die Cookies 10–15 Minuten goldgelb backen. Zum Abkühlen zunächst 10 Minuten auf dem Backblech liegen lassen, dann mit einem Palettenmesser auf ein Kuchengitter heben und vollständig abkühlen lassen.

Zuckerplätzchen

Ergibt 25 Stück

125 g weiche Butter

125 g Zucker

1 großes Eigelb

100 g Mehl

1 TL gemahlener Zimt

Den Backofen auf 200 °C vorheizen. Ein Backblech mit Backpapier auslegen.

Butter und 25 g Zucker in einer Schüssel cremig schlagen, dann das Eigelb zugeben und das Mehl darübersieben. Alles zu einem weichen Teig verarbeiten.

Den restlichen Zucker mit Zimt mischen. Aus dem Teig teelöffelgroße Portionen zu Kugeln formen, im Zuckergemisch wälzen und auf das vorbereitete Backblech legen, die Kugeln anschließend mit einer Gabel zu 1 cm dicken Plätzchen flachdrücken.

Im vorgeheizten Ofen 10 Minuten goldbraun backen. Nach dem Backen die Plätzchen auf ein Kuchengitter heben und abkühlen lassen.

Variation

Ersetzen Sie den Zimt durch 2 Esslöffel Kokosflocken.

Vollkorn-Cookies

Ergibt 36 Stück

300 g Vollkornmehl, plus etwas mehr zum Bestäuben
2 EL Weizenkeime
¼ TL Natron
½ TL Salz
50 g Zucker
125 g Butter, in Würfel geschnitten
1 großes Ei, leicht verquirlt
2 Tütchen Vanillezucker

Den Backofen auf 160 °C vorheizen.

Mehl, Weizenkeime, Natron, Salz und Zucker in einer großen Rührschüssel gut mischen. Butter dazugeben und den Teig mit den Fingern zu einer krümeligen Masse zerreiben.

Ei und Vanillezucker in einer zweiten Schüssel verquirlen und anschließend zu dem Teig geben. Falls die Zutaten sich nicht gut verbinden und die Masse zu trocken ist, ein wenig kaltes Wasser hinzufügen. Den Teig auf einer mit Mehl bestäubten Arbeitsfläche ausrollen. Mit einem 7 cm großen, mit Mehl bestäubten Förmchen runde Cookies ausstechen und auf ein beschichtetes Backblech legen. Den übrigen Teig erneut ausrollen.

Im vorgeheizten Ofen 20–25 Minuten goldgelb backen. Danach die Cookies auf ein Kuchengitter heben und abkühlen lassen.

Variation

Nach Belieben 2 Esslöffel Korinthen zum Teig geben.

Schoko-Orangen-Plätzchen

Ergibt 30 Stück

90 g weiche Butter
60 g Zucker
1 Ei
1 EL Milch
300 g Mehl, plus etwas mehr für die Arbeitsfläche
2 EL Kakaopulver

Dekoration

175 g Puderzucker
3 EL Orangensaft
25 g Zartbitterschokolade, geschmolzen

Den Backofen auf 180 °C vorheizen. Zwei Backbleche mit Backpapier auslegen. Butter und Zucker in einer Schüssel cremig schlagen, dann Ei und Milch einrühren. Mehl und Kakaopulver über die Mischung sieben und alles zu einem glatten Teig verarbeiten. Diesen zu einer Kugel formen.

Den Teig auf einer leicht bemehlten Arbeitsfläche 5 mm dick ausrollen und mit einer runden Ausstechform mit Wellenrand Plätzchen ausstechen. Die Teigreste verkneten, erneut ausrollen und weitere Plätzchen ausstechen, bis der Teig aufgebraucht ist. Die Plätzchen in genügend Abstand auf die Backbleche legen und im Backofen 10–12 Minuten goldbraun backen.

Für die Dekoration den Puderzucker in einer Schüssel mit so viel Orangensaft verrühren, dass eine dickflüssige Masse entsteht, die am Löffelrücken haften bleibt. Je einen Klecks davon auf die Plätzchen geben und fest werden lassen. Dann mit der geschmolzenen Schokolade dekorative Linien über die Plätzchen ziehen. Vor dem Servieren fest werden lassen.

Schokoladen-lieblinge

Riesen-Schoko-Cookies

Ergibt 12 Stück
250 g weiche Butter
150 g Zucker
1 Eigelb, leicht verquirlt
2 Tütchen Vanillezucker
250 g Mehl
50 g Kakaopulver
1 Prise Salz
80 g Vollmilchschokotropfen
80 g weiße Schokotropfen
120 g Zartbitterschokolade, grob gehackt

Den Backofen auf 190 °C vorheizen. Ein Backblech mit Backpapier auslegen.

Butter und Zucker in einer Schüssel cremig schlagen, dann Eigelb und Vanillezucker zugeben. Mehl, Kakaopulver und Salz darübersieben. Beide Sorten Schokotropfen zufügen und mit einem Holzlöffel unterrühren, bis alle Zutaten gut miteinander verbunden sind.

Aus dem Teig zwölf Kugeln formen und in ausreichendem Abstand auf das vorbereitete Backblech legen. Die Teigkugeln etwas flachdrücken und die Zartbitterschokolade in den Teig drücken.

Die Cookies 12–15 Minuten backen. Zum Abkühlen zunächst 5–10 Minuten auf dem Backblech liegen lassen, danach mit einem Palettenmesser auf ein Kuchengitter heben und vollständig abkühlen lassen.

Variation
Eine Sorte Schokotropfen durch gehackte Karamellbonbons ersetzen.

Schoko-Zimt-Berge

Ergibt etwa 30 Stück

250 g weiche Butter

150 g Zucker

1 Eigelb, leicht verquirlt

1 EL abgeriebene Orangenschale

300 g Mehl

1 Prise Salz

100 g Zartbitterschokotropfen

Überzug

2 EL Zucker

2 EL Zimt

Den Backofen auf 190 °C vorheizen. Ein Backblech mit Backpapier auslegen.

Butter und Zucker in einer Schüssel cremig schlagen, dann Eigelb und Orangenschale zugeben. Mehl und Salz darübersieben. Schokotropfen zufügen und mit einem Holzlöffel verrühren, bis alle Zutaten gut miteinander vermengt sind.

Für den Zimtüberzug Zucker und Zimt in einem tiefen Teller mischen. Aus dem Teig esslöffelgroße Portionen abstechen und mit den Händen zu Kugeln formen. In der Zimt-Zucker-Mischung wälzen und in ausreichendem Abstand auf das vorbereitete Backblech legen.

Die Plätzchen 12–15 Minuten backen. Zum Abkühlen zunächst 5–10 Minuten auf dem Backblech liegen lassen, dann mit einem Palettenmesser auf ein Kuchengitter heben und vollständig abkühlen lassen.

Variation

Verwenden Sie weiße statt der dunklen Schokotropfen.

Mitternachtsplätzchen

Ergibt 25 Stück

125 g weiche Butter

175 g Zucker

1 Ei, leicht verquirlt

½ Tütchen Vanillezucker

125 g Mehl

40 g Kakaopulver

½ TL Natron

Den Backofen auf 180 °C vorheizen. Zwei Backblecke mit Backpapier auslegen.

Butter und Zucker in einer großen Rührschüssel cremig schlagen, dann Ei und Vanillezucker zugeben. Mehl, Kakaopulver und Natron darübersieben und gut vermengen.

Mit befeuchteten Händen walnussgroße Bällchen formen und in ausreichendem Abstand auf die Backbleche legen.

Die Plätzchen 10–12 Minuten im vorgeheizten Ofen backen. Auf den Backblechen 5 Minuten ruhen lassen, dann die Plätzchen auf Kuchengitter heben, damit sie vollständig abkühlen.

Variation

Für einen Zuckermantel vor dem Backen die Teigbällchen in Zucker wälzen.

Schoko-Pfefferminz-Plätzchen

Ergibt etwa 15 Stück

250 g weiche Butter

150 g Zucker

1 Eigelb, leicht verquirlt

2 Tütchen Vanillezucker

250 g Mehl

25 g Kakaopulver

1 Prise Salz

50 g Belegkirschen, fein gehackt

etwa 15 Schoko-Pfefferminz-Täfelchen

Glasur

120 g Zartbitterschokolade, in Stücke gebrochen

50 g weiße Schokolade, in Stücke gebrochen

Butter und Zucker in einer Schüssel cremig schlagen, dann Eigelb und Vanillezucker zugeben. Mehl, Kakaopulver und Salz darübersieben. Die Kirschen zufügen und alles gut mischen. Den Teig halbieren, Kugeln daraus formen und in Frischhaltefolie gewickelt 30–60 Minuten im Kühlschrank ruhen lassen.

Den Backofen auf 190 °C vorheizen. Ein Backblech mit Backpapier auslegen.

Den Teig zwischen zwei Lagen Backpapier dünn ausrollen. Mit einem scharfen Messer Quadrate mit 6 cm Seitenlänge zuschneiden und diese auf das Backblech legen.

10–15 Minuten backen. Auf die Hälfte der noch warmen Plätzchen ein Minztäfelchen legen und die restlichen Plätzchen daraufsetzen. Leicht andrücken und auf dem Backblech abkühlen lassen.

Die dunkle Schokolade im Wasserbad schmelzen. Vom Herd nehmen. Ein Kuchengitter mit Backpapier belegen und die Plätzchen daraufsetzen. Mit einem Backpinsel die Schokolade auftragen und fest werden lassen. Die weiße Schokolade im Wasserbad schmelzen. Vom Herd nehmen und leicht abkühlen lassen. Linien aufspritzen und fest werden lassen.

Sandwich-Cookies mit Schokolade & Orange

Ergibt etwa 15 Stück

250 g weiche Butter
150 g Zucker
2 TL fein abgeriebene Orangenschale
1 Eigelb, leicht verquirlt
2 Tütchen Vanillezucker
250 g Mehl
25 g Kakaopulver
1 Prise Salz
100 g Zartbitterschokolade, fein gehackt

Füllung

125 g Sahne mit hohem Fettgehalt
200 g weiße Schokolade, in Stücke gebrochen
1 TL abgeriebene Orangenschale

Den Backofen auf 190 °C vorheizen. Ein Backblech mit Backpapier auslegen.

Butter, Zucker und Orangenschale in einer Schüssel cremig schlagen, dann Eigelb und Vanillezucker zugeben. Mehl, Kakaopulver und Salz darübersieben. Die Schokolade zufügen und mit einem Holzlöffel zu einem glatten Teig verarbeiten.

Aus dem Teig esslöffelgroße Portionen abstechen und zu Kugeln formen. In ausreichendem Abstand auf das Backblech legen. Die Kugeln flachdrücken und mit einem Löffelrücken glätten.

Die Cookies 10–15 Minuten goldbraun backen. Zum Abkühlen zunächst 5–10 Minuten auf dem Backblech liegen lassen, dann mit einem Palettenmesser auf ein Kuchengitter heben und vollständig abkühlen lassen.

Für die Füllung die Sahne in einem kleinen Topf kurz aufkochen, dann vom Herd nehmen. Die Schokolade zugeben und so lange rühren, bis sie sich aufgelöst hat. Zum Schluss mit der Orangenschale aromatisieren. Sobald die Creme kalt ist, die Hälfte der Cookies damit bestreichen und mit den übrigen Cookies zu Doppelkeksen zusammensetzen.

Mokka-Walnuss-Plätzchen

Ergibt etwa 16 Stück

120 g weiche Butter, plus etwas mehr zum Einfetten
120 g Muskovado-Zucker
80 g hellbrauner Zucker
1 Tütchen Vanillezucker
1 EL Instantkaffeepulver, in 1 EL heißem Wasser aufgelöst
1 Ei
175 g Mehl
½ TL Backpulver
¼ TL Natron
50 g Vollmilchschokotropfen
50 g Walnüsse, grob gehackt

Den Backofen auf 180 °C vorheizen und zwei Backbleche einfetten. Butter und beide Zuckersorten in einer großen Schüssel schaumig rühren. In einer zweiten Schüssel Vanillezucker, Kaffee und Ei verrühren.

Die Kaffeemischung zur Butter-Zucker-Masse geben und kurz verrühren. Mehl, Backpulver und Natron darübersieben und vorsichtig unterziehen. Schokotropfen und Walnüsse unterheben.

Den Teig löffelweise in ausreichendem Abstand auf die vorbereiteten Backbleche geben. Im vorgeheizten Ofen 10–15 Minuten backen, bis die Plätzchen außen knusprig, aber innen noch weich sind. 2 Minuten auf den Backblechen abkühlen lassen, dann zum vollständigen Abkühlen auf Kuchengitter heben.

Variation

Nach Belieben die Walnüsse durch Mandelblättchen ersetzen.

Schokostreuseltaler

Ergibt etwa 30 Stück
250 g weiche Butter
150 g Zucker
1 Eigelb, leicht verquirlt
2 Tütchen Vanillezucker
250 g Mehl, plus etwas mehr zum Bestäuben
50 g Kakaopulver
1 Prise Salz

Dekoration
200 g weiße Schokolade, in Stücke gebrochen
80 g Schokoladenstreusel

Butter und Zucker in einer Schüssel cremig schlagen, dann Eigelb und Vanillezucker einrühren. Mehl, Kakaopulver und Salz darübersieben und mit einem Holzlöffel unterrühren, bis alle Zutaten gut miteinander vermengt sind. Den Teig halbieren, jede Hälfte zu einer Kugel formen und in Frischhaltefolie gewickelt 30–60 Minuten im Kühlschrank ruhen lassen.

Den Backofen auf 190 °C vorheizen. Ein Backblech mit Backpapier auslegen.

Den Teig aus der Folie nehmen und zwischen zwei Lagen Backpapier 5 mm dick ausrollen. Mit einem runden Ausstecher mit Wellenrand (6–7 cm Ø) Kreise ausstechen und in ausreichendem Abstand auf das vorbereitete Backblech legen.

Die Taler 10–12 Minuten im Ofen backen. Auf dem Backblech 5–10 Minuten liegen lassen, danach mit einem Palettenmesser auf ein Kuchengitter heben und vollständig abkühlen lassen.

Die weiße Schokolade im Wasserbad schmelzen und sofort vom Herd nehmen. Die Oberfläche der Taler mit der Schokolade bestreichen. Etwas abkühlen lassen, dann mit Schokoladenstreuseln verzieren. Vollständig abkühlen und fest werden lassen.

Schokoquadrate mit Karamell

Ergibt etwa 30 Stück

250 g weiche Butter
150 g brauner Zucker
1 Eigelb, leicht verquirlt
2 Tütchen Vanillezucker
250 g Mehl
50 g Kakaopulver
1 Prise Salz

Glasur

16 weiche Sahnekaramellbonbons mit Schokoladenüberzug, in Stücke geschnitten
4 EL Sahne

Butter und Zucker in einer Schüssel cremig schlagen, dann Eigelb und Vanillezucker zugeben. Mehl mit Kakaopulver und Salz darübersieben und mit einem Holzlöffel unterrühren, bis alle Zutaten gut miteinander vermengt sind. Den Teig halbieren, Kugeln daraus formen und in Frischhaltefolie gewickelt 30–60 Minuten im Kühlschrank ruhen lassen.

Den Backofen auf 190 °C vorheizen. Zwei Backbleche mit Backpapier auslegen.

Den Teig aus der Folie nehmen und zwischen zwei Lagen Backpapier 3 mm dick ausrollen. Mit einem Messer Quadrate mit 6 cm Seitenlänge schneiden und in ausreichendem Abstand auf die Backbleche legen.

Die Kekse 10–15 Minuten backen. Zum Abkühlen zunächst 5–10 Minuten auf den Backblechen liegen lassen, dann mit einem Palettenmesser auf Kuchengitter heben und vollständig abkühlen lassen.

Für die Glasur die Bonbons im Wasserbad schmelzen. Die Schüssel vom Herd nehmen und die Sahne nach und nach mit dem Schneebesen einrühren. Die Sahnekaramellcreme so weit abkühlen lassen, bis sie zäh und gerade noch streichfähig ist. Die Oberfläche der Kekse damit überziehen.

Nusshappen mit Schokoladencreme

Ergibt etwa 30 Stück

250 g weiche Butter
150 g Zucker
1 Eigelb, leicht verquirlt
2 Tütchen Vanillezucker
250 g Mehl
50 g Kakaopulver
1 Prise Salz
50 g gemahlene Haselnüsse

Creme

50 g Zartbitterschokotropfen
4 EL Nuss-Nougat-Creme

Den Backofen auf 190 °C vorheizen. Ein Backblech mit Backpapier auslegen.

Butter und Zucker in einer Schüssel cremig schlagen, dann Eigelb und Vanillezucker unterrühren. Mehl mit Kakaopulver und Salz darübersieben. Die Nüsse zufügen und mit einem Holzlöffel unterrühren, bis alle Zutaten gut miteinander vermengt sind.

Aus dem Teig esslöffelgroße Portionen abstechen und mit den Händen zu Kugeln formen. In ausreichendem Abstand auf das vorbereitete Backblech legen. Mit dem angefeuchteten Stiel eines Holzlöffels eine Mulde in die Mitte jeder Kugel drücken.

Die Happen 12–15 Minuten im Ofen backen. Zum Abkühlen zunächst 5–10 Minuten auf dem Backblech liegen lassen, anschließend mit einem Palettenmesser auf ein Kuchengitter heben und vollständig abkühlen lassen. Wenn das Gebäck kalt ist, die Mulden mit den Schokotropfen und der Nougatcreme füllen.

Vollkorn-Schoko-Taler

Ergibt 20 Stück

75 g Butter, plus etwas mehr zum Einfetten
125 g brauner Zucker
1 Ei
1 EL Weizenkeime
150 g Vollkornmehl
75 g Mehl, Type 405, gesiebt
2 TL Backpulver
125 g Zartbitterschokolade

Den Backofen auf 180 °C vorheizen. Ein Backblech leicht einfetten. Butter und Zucker in einer Schüssel cremig schlagen, das Ei zugeben und alles glatt rühren. Die Weizenkeime, beide Mehlsorten und das Backpulver zugeben und zu einem glatten Teig verarbeiten.

Teelöffelgroße Teigportionen zwischen den Handflächen zu Kugeln rollen und in ausreichendem Abstand auf das Backblech legen.

Die Teigkugeln mit einer Gabel leicht flachdrücken, dann im Backofen 15–20 Minuten backen, bis die Plätzchen goldbraun sind. Kurz auf dem Backblech abkühlen lassen, anschließend auf ein Kuchengitter heben und vollständig abkühlen lassen.

Die Schokolade schmelzen und jedes Plätzchen so in die Schokolade tauchen, dass Boden und Rand mit Schokolade überzogen sind. Überschüssige Schokolade abtropfen lassen, dann die Plätzchen auf Backpapier legen, bis die Schokolade fest geworden ist.

Schoko-Aprikosen-Cookies

Ergibt etwa 30 Stück

250 g weiche Butter

150 g Zucker

1 Eigelb, leicht verquirlt

2 TL Mandellikör

300 g Mehl

1 Prise Salz

50 g Zartbitterschokotropfen

50 g getrocknete Aprikosen, gehackt

100 g gehackte Mandeln

Butter und Zucker in einer Schüssel cremig schlagen, dann Eigelb und Mandellikör einrühren. Mehl und Salz darübersieben. Schokotropfen und Aprikosen zufügen und mit einem Holzlöffel rühren, bis alle Zutaten gut miteinander vermengt sind.

Den Teig zu einer dicken Rolle formen. Die Mandeln auf einen flachen Teller schütten und die Teigrolle darin wälzen. In Frischhaltefolie gewickelt 30–60 Minuten im Kühlschrank ruhen lassen.

Den Backofen auf 190 °C vorheizen. Ein Backblech mit Backpapier auslegen.

Den Teig aus der Folie nehmen und mit einem scharfen Messer mit Wellenschliff in 5 mm dicke Scheiben schneiden. In ausreichendem Abstand auf das Backblech legen.

Die Cookies 12–15 Minuten goldgelb backen. Zum Abkühlen zunächst 5–10 Minuten auf dem Backblech liegen lassen, dann mit einem Palettenmesser auf ein Kuchengitter heben und vollständig abkühlen lassen.

Braune Pflaumentaler mit weißer Schokoglasur

Ergibt etwa 30 Stück

250 g weiche Butter
150 g Zucker
1 Eigelb, leicht verquirlt
2 Tütchen Vanillezucker
250 g Mehl
50 g Kakaopulver
1 Prise Salz
100 g weiße Schokolade, gehackt

Dekoration

50 g weiße Schokolade, in Stücke gebrochen
10 entsteinte Backpflaumen, halbiert

Butter und Zucker in einer Schüssel cremig schlagen, dann Eigelb und Vanillezucker unterrühren. Mehl, Kakaopulver und Salz darübersieben und mit einem Holzlöffel rühren, bis alle Zutaten gut miteinander vermengt sind. Den Teig halbieren und in Frischhaltefolie gewickelt 30–60 Minuten im Kühlschrank ruhen lassen.

Den Backofen auf 190 °C vorheizen. Ein Backblech mit Backpapier auslegen. Eine Teighälfte 3 mm dick ausrollen. Mit einem runden Ausstecher (5 cm Ø) 20 Kreise formen und in ausreichendem Abstand auf das Backblech legen. Die gehackte Schokolade auf die Kreise aufteilen. Den übrigen Teig ausrollen und mit einem Ausstecher (6–7 cm Ø) weitere 20 Kreise formen. Diese auf die kleineren Kreise legen und die Ränder fest zusammendrücken. Die Doppeltaler 10–15 Minuten backen. Zum Abkühlen zunächst 5–10 Minuten auf dem Backblech liegen lassen, dann auf ein Kuchengitter heben und vollständig abkühlen lassen.

Für die Dekoration die Schokolade im Wasserbad schmelzen. Vom Herd nehmen und leicht abkühlen lassen. Die Backpflaumen mit der Schnittfläche in die Schokolade tauchen und in die Mitte der Taler „kleben". Die übrige Schokolade mit einem Löffel darüber verteilen und fest werden lassen.

Bunte Party-Cookies

Ergibt 15 Stück

100 g Butter

100 g hellbrauner Zucker

1 EL goldklarer Sirup

150 g Mehl

1½ TL Backpulver

80 g bunte Schokolinsen

Den Backofen auf 180 °C vorheizen. Ein Backblech mit Backpapier auslegen.

Butter und Zucker in einer großen Rührschüssel cremig schlagen und anschließend den Sirup einrühren. 75 g Mehl darübersieben und mit einem Holzlöffel einrühren, bis alles gut vermengt ist. Danach die Schokolinsen und das restliche Mehl mit den Händen unterkneten. 15 Teigkugeln formen und in ausreichendem Abstand auf die vorbereiteten Backbleche legen. Etwas flachdrücken und 10–15 Minuten goldbraun backen.

Auf dem Backblech 2–3 Minuten ruhen lassen, dann die Plätzchen auf ein Kuchengitter heben, damit sie vollständig abkühlen.

Variation

Statt Schokolinsen können Sie gebrannte Erdnüsse verwenden.

Schoko-Pfefferminz-Sterne

Ergibt etwa 30 Stück
250 g weiche Butter
150 g Zucker
1 Eigelb, leicht verquirlt
5 Tropfen Pfefferminzaroma
300 g Mehl
1 Prise Salz
100 g Kokosraspel

Dekoration
100 g weiße Schokolade, in Stücke gebrochen
100 g Vollmilchschokolade, in Stücke gebrochen

Butter und Zucker in einer Schüssel cremig schlagen, dann Eigelb und Pfefferminzaroma einrühren. Mehl und Salz darübersieben. Kokosraspel zufügen und mit einem Holzlöffel unterrühren, bis alle Zutaten gut miteinander vermengt sind. Den Teig halbieren, Kugeln daraus formen und in Frischhaltefolie gewickelt 30–60 Minuten im Kühlschrank ruhen lassen.

Den Backofen auf 190 °C vorheizen. Zwei Backbleche mit Backpapier auslegen.

Den Teig 3 mm dick ausrollen. Mit einer Sternform (6–7 cm Ø) Plätzchen ausstechen und in ausreichendem Abstand auf die vorbereiteten Backbleche legen.

Die Sterne 10–12 Minuten goldgelb backen. Zum Abkühlen zunächst 5–10 Minuten auf den Backblechen liegen lassen, dann die Plätzchen mit einem Palettenmesser auf Kuchengitter heben und vollständig abkühlen lassen.

Die beiden Schokoladensorten getrennt im Wasserbad schmelzen. Die abgekühlten Sterne auf den Kuchengittern belassen. Mithilfe eines Spritzbeutels mit feiner Spitze die Plätzchen zuerst mit der weißen, dann mit der dunklen Schokolade in Form eines Gittermusters dekorieren. Die Schokolade fest werden lassen.

Jumbo-Cookies

Ergibt 12 Stück

125 g weiche Butter
125 g Zucker
125 g brauner Zucker
2 Eier (Größe L), leicht verquirlt
1 Tütchen Vanillezucker
300 g Mehl
1 TL Backpulver
300 g Zartbitterschokolade, grob gehackt

Den Backofen auf 180 °C vorheizen und zwei Backbleche mit Backpapier auslegen.

Butter und beide Zuckersorten in einer großen Rührschüssel cremig schlagen, dann Eier und Vanillezucker einrühren. Mehl und Backpulver darübersieben und alles gut mischen. Zum Schluss die Schokolade unterrühren.

Aus dem Teig 12 Portionen formen und in ausreichendem Abstand auf die Backbleche legen.

Im vorgeheizten Ofen 15–20 Minuten goldbraun backen. Die Cookies 2–3 Minuten auf dem Backblech liegen lassen, dann auf ein Kuchengitter heben, damit sie vollständig abkühlen.

Variation

Statt Zartbitter- kann Vollmilch- oder weiße Schokolade verwendet werden.

Vollkornkekse mit Schokolade & Kaffee

Ergibt 24 Stück

175 g Butter, plus etwas mehr zum Einfetten
200 g hellbrauner Zucker
1 Ei
70 g Mehl, plus etwas mehr zum Bestäuben
1 TL Natron
1 Prise Salz
70 g Vollkornmehl
1 EL Weizenkleie
220 g Zartbitterschokotropfen
180 g Haferflocken
1 EL starker Kaffee
100 g Haselnüsse, geröstet und grob gehackt

Den Backofen auf 190 °C vorheizen und zwei Backbleche einfetten. Butter und Zucker in einer großen Rührschüssel cremig schlagen. Das Ei zufügen und verrühren.

Mehl, Natron und Salz in eine weitere große Schüssel sieben, Vollkornmehl und Weizenkleie zufügen und alles vermengen. Die Buttermischung zugeben und zu einem glatten Teig verarbeiten. Schokotropfen, Haferflocken, Kaffee und Haselnüsse zufügen und behutsam einarbeiten.

Jeweils 1 Esslöffel Teig zu einer Kugel formen, in ausreichendem Abstand auf die vorbereiteten Backbleche legen und mit einem Löffelrücken leicht flachdrücken. 16–18 Minuten goldbraun backen.

Aus dem Ofen nehmen und auf den Backblechen zunächst 5–10 Minuten abkühlen lassen, dann auf Kuchengitter heben und vollständig abkühlen lassen.

Tipp

Je zwei Kekse mit sahnigem Schokoladeneis zusammensetzen.

Schoko-Bananen-Cookies

Ergibt 20 Stück
125 g Butter
125 g Zucker
1 großes Ei, leicht verquirlt
1 vollreife Banane
175 g Mehl
2 TL Backpulver
1 TL Lebkuchengewürz
2 EL Milch
100 g Zartbitterschokolade, grob gehackt
50 g Rosinen

Den Backofen auf 190 °C vorheizen und zwei Backbleche mit Backpapier auslegen.

Butter und Zucker in einer großen Rührschüssel cremig schlagen, dann das Ei unterrühren. Die Banane mit einer Gabel zerdrücken und unter die Butter-Zucker-Masse heben.

Mehl, Backpulver und Lebkuchengewürz darübersieben und mit einem Teigschaber unterheben. Für eine weiche Konsistenz die Milch dazugeben und Rosinen sowie Schokostückchen unterziehen. Aus dem Teig teelöffelgroße Portionen abstechen und in ausreichendem Abstand auf die Backbleche setzen. Auf der mittleren Schiene des Backofens 15–20 Minuten goldbraun backen. Zunächst 5 Minuten auf den Backblechen ruhen lassen, dann auf Kuchengitter heben und vollständig abkühlen lassen.

Variation
Durch Zugabe von Toffeestückchen entstehen Banoffee-Cookies.

Schoko-Mandel-Biscotti

Ergibt 24 Stück

150 g blanchierte Mandeln

150 g Zartbitterschokolade, grob gehackt

250 g Mehl, plus etwas mehr zum Bestäuben

1 TL Backpulver

150 g Zucker

2 große Eier, leicht verquirlt

1 Tütchen Vanillezucker

Den Backofen auf 160 °C vorheizen. Ein Backblech mit Backpapier auslegen.

Die Mandeln auf einem weiteren Backblech verteilen und 5–10 Minuten rösten. Aus dem Ofen nehmen und ein wenig ruhen lassen.

Die Schokolade im Wasserbad schmelzen, dann von der Kochstelle nehmen und verrühren. Abkühlen lassen. Mehl und Backpulver in eine große Schüssel sieben.

Zucker, die abgekühlten Mandeln, Schokolade, Eier und Vanillezucker zu einem glatten Teig verarbeiten. Diesen auf einer leicht mit Mehl bestäubten Arbeitsplatte 2–3 Minuten mit den Händen durchkneten. Den Teig halbieren und jede Hälfte zu einem 5 cm dicken Block formen. Die Blöcke auf dem Backblech auf 3 cm Dicke glätten.

Im vorgeheizten Ofen 20–30 Minuten backen, bis die Blöcke grifffest sind. Herausnehmen und 15 Minuten ruhen lassen. Die Ofentemperatur auf 150 °C reduzieren. Mit einem Messer mit Wellenschliff in 1 cm dicke Scheiben schneiden. Die Scheiben auf einem ungefetteten Backblech 10 Minuten backen, dann wenden und weitere 10 Minuten knusprig backen. Die Scheiben auf einem Kuchengitter abkühlen lassen.

Orangen-Schoko-Zungen

Ergibt etwa 35 Stück
250 g weiche Butter
150 g Zucker
abgeriebene Schale von 1 Orange
1 Eigelb, leicht verquirlt
2 TL Orangensaft
300 g Mehl
1 Prise Salz
1 TL gemahlener Ingwer
100 g Zartbitterschokolade, in Stücke gebrochen

Butter, Zucker und Orangenschale in einer Schüssel cremig schlagen, dann Eigelb und Orangensaft einrühren. Mehl und Salz darübersieben, Ingwer zufügen und mit einem Holzlöffel unterrühren, bis alle Zutaten gut miteinander vermengt sind. Den Teig zu einer Kugel formen, in Frischhaltefolie wickeln und 30–60 Minuten im Kühlschrank ruhen lassen.

Den Backofen auf 190 °C vorheizen. Ein Backblech mit Backpapier auslegen.

Den Teig aus der Folie nehmen und zwischen zwei Lagen Backpapier zu einem Rechteck ausrollen. Mit einem scharfen Messer in Streifen schneiden (10 cm x 2 cm) und in ausreichendem Abstand auf das vorbereitete Backblech legen.

Die Teigstreifen 10–12 Minuten goldgelb backen. Zum Abkühlen zunächst 5–10 Minuten auf dem Backblech liegen lassen, danach mit einem Palettenmesser auf ein Kuchengitter heben und vollständig abkühlen lassen.

Die Schokolade im Wasserbad schmelzen, dann vom Herd nehmen. Sobald die Schokolade etwas abgekühlt, aber noch nicht fest ist, das Gebäck schräg und zur Hälfte hineintauchen. Auf ein Kuchengitter legen und die Glasur fest werden lassen. Hierbei ggf. eine Gebäckzange zuhilfe nehmen.

Knopfkekse

Ergibt etwa 30 Stück

2 Tassenportionen Instant-Schoko- oder Schoko-Karamell-Drink
1 EL heißes Wasser
250 g weiche Butter
150 g Zucker, plus etwas mehr zum Bestreuen
1 Eigelb, leicht verquirlt
300 g Mehl
1 Prise Salz

Das Getränkepulver in einer Schüssel mit dem Wasser zu einer Paste verrühren. Butter und Zucker in einer anderen Schüssel cremig schlagen, dann Eigelb und Schokopaste einrühren. Mehl und Salz darübersieben und unterrühren, bis alle Zutaten gut miteinander vermengt sind. Den Teig halbieren, zu Kugeln formen und in Frischhaltefolie gewickelt 30–60 Minuten im Kühlschrank ruhen lassen.

Den Backofen auf 190 °C vorheizen. Ein Backblech mit Backpapier auslegen.

Die Kugeln aus der Folie nehmen und zwischen zwei Lagen Backpapier 3 mm dick ausrollen. Mit einem runden Förmchen (5 cm Ø) Kreise ausstechen. Dann mit dem Verschluss (3 cm Ø) einer Saft- oder Mineralwasserflasche zuerst in die Mitte eine Vertiefung drücken, anschließend mit einem Zahnstocher vier Löcher wie bei einem Knopf hineinstechen. Die „Knöpfe" in ausreichendem Abstand auf das vorbereitete Backblech legen und mit Zucker bestreuen.

10–15 Minuten backen, bis der Teig fest ist. Zum Abkühlen zunächst 5–10 Minuten auf dem Backblech liegen lassen. Mit einem Palettenmesser auf ein Kuchengitter heben und vollständig abkühlen lassen.

Obst & Nüsse

Kokos-Cranberry-Berge

Ergibt etwa 30 Stück

250 g weiche Butter

150 g Zucker

1 Eigelb, leicht verquirlt

2 Tütchen Vanillezucker

300 g Mehl

1 Prise Salz

40 g Kokosraspel

60 g getrocknete Cranberrys

Den Backofen auf 190 °C vorheizen. Ein Backblech mit Backpapier auslegen.

Butter und Zucker in einer Schüssel cremig schlagen, dann Eigelb und Vanillezucker unterrühren. Mehl und Salz darübersieben. Kokosraspel und Cranberrys zufügen und mit einem Holzlöffel unterrühren, bis alle Zutaten gut miteinander vermengt sind. Aus dem Teig esslöffelgroße Portionen abstechen und in ausreichendem Abstand auf das Backblech setzen.

Die Cookies 12–15 Minuten goldgelb backen. Zum Abkühlen zunächst 5–10 Minuten auf dem Backblech liegen lassen, dann mit einem Palettenmesser auf ein Kuchengitter heben und vollständig abkühlen lassen.

Variation

Die Cranberrys durch getrocknete Blaubeeren ersetzen.

Walnuss-Mokka-Cookies

Ergibt etwa 30 Stück

2 Tassenportionen Instant-Milchkaffee
1 EL heißes Wasser
250 g weiche Butter
150 g Zucker
1 Eigelb, leicht verquirlt
300 g Mehl
1 Prise Salz
100 g Walnüsse, fein gehackt
Krümelkandis, zum Dekorieren

Das Getränkepulver in einer Schüssel mit dem Wasser zu einer Paste verrühren. Butter und Zucker in einer Schüssel cremig schlagen, dann Eigelb und Paste einrühren. Mehl und Salz darübersieben, Walnüsse zufügen und mit einem Holzlöffel unterrühren, bis alle Zutaten gut miteinander vermengt sind. Den Teig halbieren, Kugeln daraus formen, in Frischhaltefolie wickeln und 30–60 Minuten im Kühlschrank ruhen lassen.

Den Backofen auf 190 °C vorheizen. Ein Backblech mit Backpapier auslegen.

Den Teig aus der Folie nehmen und zwischen zwei Lagen Backpapier 3 mm dick ausrollen. Mit einem runden Förmchen (6 cm Ø) Kreise ausstechen und in ausreichendem Abstand auf das vorbereitete Backblech legen.

Die Oberfläche der Cookies mit etwas Wasser bestreichen, mit Kandis bestreuen und 10–12 Minuten backen. Zum Abkühlen zunächst 5–10 Minuten auf dem Backblech liegen lassen, anschließend mit einem Palettenmesser auf ein Kuchengitter legen und vollständig abkühlen lassen.

Bananen-Rosinen-Gebäck

Ergibt etwa 30 Stück

25 g Sultaninen

125 ml Orangensaft oder Rum

250 g weiche Butter

150 g Zucker

1 Eigelb, leicht verquirlt

300 g Mehl

1 Prise Salz

80 g getrocknete Bananenscheiben, fein gehackt

Die Sultaninen in einer Schüssel mit Orangensaft oder Rum übergießen und 30 Minuten zugedeckt ziehen lassen. Danach abgießen und die Flüssigkeit auffangen.

Den Backofen auf 190 °C vorheizen. Ein Backblech mit Backpapier auslegen.

Butter und Zucker in einer Schüssel cremig rühren, dann Eigelb und 2 Teelöffel von der aufgefangenen Flüssigkeit zugeben. Mehl und Salz darübersieben. Sultaninen und Bananen zufügen und mit einem Holzlöffel unterrühren, bis alle Zutaten gut miteinander vermengt sind.

Aus dem Teig esslöffelgroße Portionen abstechen, in ausreichendem Abstand auf das Backblech setzen und leicht flachdrücken. Die Plätzchen 12–15 Minuten goldgelb backen. Zum Abkühlen 5–10 Minuten auf dem Backblech liegen lassen, dann auf ein Kuchengitter heben und vollständig abkühlen lassen.

Mandelplätzchen mit Kirschauge

Ergibt 25 Stück
200 g Butter, in Würfel geschnitten, plus etwas mehr zum Einfetten
100 g Zucker
3 Tropfen Bittermandelaroma
300 g Mehl
2 TL Backpulver
25 g gemahlene Mandeln
25 Belegkirschen

Den Backofen auf 180 °C vorheizen. Zwei Backbleche einfetten.

Butter in einem Kochtopf langsam zerlassen und von der Kochstelle nehmen. Zucker und Bittermandelaroma in den Topf zugeben und verrühren. Mehl, Backpulver und Mandeln hinzugeben und gut vermischen.

Aus dem Teig 25 kleine Kugeln rollen und in ausreichendem Abstand auf die vorbereiteten Backbleche legen. Die Kugeln mit dem Löffelrücken flachdrücken und eine Kirsche in die Mitte jedes Plätzchens drücken. Im vorgeheizten Ofen 10–15 Minuten goldbraun backen.

2–3 Minuten auf den Backblechen ruhen lassen, dann die Plätzchen auf Kuchengitter heben, damit Sie vollständig abkühlen.

Variation
Die Kirschen nach Belieben durch getrocknete Aprikosen ersetzen.

Weihnachtliche Apfel-Cookies

Ergibt etwa 15 Stück
250 g weiche Butter
150 g Zucker
1 Eigelb, leicht verquirlt
2 TL Apfelsaft
300 g Mehl
½ TL Zimt
½ TL Lebkuchengewürz
1 Prise Salz
100 g getrocknete Apfelscheiben, fein gehackt

Füllung
1 EL Zucker
1 EL Vanillepuddingpulver
125 ml Milch
5 EL Apfelmus

Butter und Zucker in einer Schüssel cremig schlagen, dann Eigelb und Apfelsaft einrühren. Mehl, Gewürze und Salz darübersieben. Apfelstückchen zufügen und alles gut mischen. Den Teig halbieren, Kugeln daraus formen und in Frischhaltefolie gewickelt 30–60 Minuten im Kühlschrank ruhen lassen.

Den Backofen auf 190 °C vorheizen. Ein Backblech mit Backpapier auslegen.

Den Teig aus der Folie nehmen und zwischen zwei Lagen Backpapier dünn ausrollen. Mit einem scharfen Messer in Quadrate (5 cm Seitenlänge) schneiden und in ausreichendem Abstand auf das Backblech legen.

10–15 Minuten goldbraun backen. Zum Abkühlen zunächst 5–10 Minuten auf dem Backblech liegen lassen, dann mit einem Palettenmesser auf ein Kuchengitter heben und vollständig abkühlen lassen.

Für die Füllung Zucker, Puddingpulver und Milch in einem Topf verrühren, aufkochen und unter ständigem Rühren kochen, bis die Masse eindickt. Den Topf vom Herd nehmen, etwas abkühlen lassen und Apfelmus zugeben. Abgedeckt vollständig abkühlen lassen.

Die Hälfte der Cookies mit der Füllung bestreichen und die übrigen daraufsetzen.

Ahornkekse mit Pekannüssen

Ergibt 18 Stück

100 g Pekannüsse

125 g weiche Butter

2 EL Ahornsirup

100 g Muscovado-Zucker

1 Eigelb, groß, leicht verquirlt

125 g Mehl

1 TL Backpulver

Den Backofen auf 190 °C vorheizen. Zwei Backbleche mit Butter einfetten. 18 Pekannusshälften beiseitelegen, den Rest grob hacken.

Butter, Ahornsirup und Zucker in einer Rührschüssel cremig schlagen. Das Eigelb dazugeben, Mehl darübersieben und mit den gehackten Pekannüssen zu einem festen Teig mischen.

Aus dem Teig 18 esslöffelgroße Portionen abstechen, in ausreichendem Abstand auf die Backbleche legen und jeweils mit einer Pekannuss in der Mitte verzieren.

Im vorgeheizten Ofen 10–12 Minuten goldbraun backen. Zunächst 10 Minuten auf den Backblechen ruhen lassen, dann auf Kuchengitter heben, damit sie vollständig abkühlen.

Variation

Ersetzen Sie Ahornsirup durch Honig und Pekannüsse durch Mandeln.

Zimtkekse mit Blaubeeren & Cranberrys

Ergibt etwa 30 Stück

250 g weiche Butter

150 g Zucker

1 Eigelb, leicht verquirlt

2 Tütchen Vanillezucker

300 g Mehl

1 TL Zimt

1 Prise Salz

50 g getrocknete Blaubeeren

50 g getrocknete Cranberrys

50 g Pinienkerne

Den Backofen auf 190 °C vorheizen. Ein Backblech mit Backpapier auslegen.

Butter und Zucker in einer Schüssel cremig schlagen, dann Eigelb und Vanillezucker einrühren. Mehl, Zimt und Salz darübersieben. Blaubeeren und Cranberrys zufügen und mit einem Holzlöffel unterrühren, bis alle Zutaten gut miteinander vermengt sind.

Die Pinienkerne in einen tiefen Teller geben. Aus dem Teig esslöffelgroße Portionen abstechen und zu Kugeln formen. In den Pinienkernen wälzen, dann in ausreichendem Abstand auf das Backblech legen und die Kugeln leicht flachdrücken.

10–15 Minuten backen. Zum Abkühlen zunächst 5–10 Minuten auf dem Backblech liegen lassen, dann mit einem Palettenmesser auf ein Kuchengitter heben und vollständig abkühlen lassen.

Schokoplätzchen mit Haselnüssen

Ergibt etwa 30 Stück
250 g weiche Butter
150 g brauner Zucker
1 Eigelb, leicht verquirlt
250 g Mehl
1 Prise Salz
50 g gemahlene Haselnüsse

Dekoration
250 g Zartbitterschokolade, in Stücke gebrochen
30 ganze, abgezogene Haselnüsse

Butter und Zucker in einer Schüssel cremig rühren, dann das Eigelb einrühren. Mehl und Salz darübersieben, Haselnüsse zufügen und mit einem Holzlöffel unterrühren, bis alle Zutaten gut miteinander vermengt sind. Den Teig halbieren, Kugeln daraus formen und in Frischhaltefolie gewickelt 30–60 Minuten im Kühlschrank ruhen lassen.

Den Backofen auf 190 °C vorheizen. Ein Backblech mit Backpapier auslegen.

Den Teig aus der Folie nehmen und zwischen zwei Lagen Backpapier dünn ausrollen. Mit einem runden Förmchen (6 cm Ø) Kreise ausstechen und in ausreichendem Abstand auf das Backblech legen.

10–12 Minuten goldgelb backen. Zum Abkühlen zunächst 5–10 Minuten auf dem Backblech liegen lassen, dann vorsichtig auf Kuchengitter heben und abkühlen lassen.

Zum Dekorieren Backpapier unter die Kuchengitter legen. Die Schokolade im Wasserbad schmelzen, vom Herd nehmen und die Schokolade etwas abkühlen lassen. Anschließend die Plätzchen damit überziehen. Je eine Haselnuss in die Mitte setzen und die Glasur fest werden lassen.

Zitronen-Limetten-Taler

Ergibt etwa 30 Stück

250 g weiche Butter
150 g Zucker
1 Eigelb, leicht verquirlt
2 TL Limettensaft
300 g Mehl
1 Prise Salz
fein abgeriebene Schale von 1 Zitrone

Dekoration

50 g Zartbitterschokolade, in Stücke gebrochen
30 Limettenzesten

Glasur

1 EL leicht verquirltes Eiweiß
1 EL Limettensaft
120 g Puderzucker

Für die Dekoration die Schokolade im Wasserbad schmelzen. Vom Herd nehmen und leicht abkühlen lassen. Ein Tablett mit Backpapier auslegen. Die Limettenzesten in die Schokolade tauchen, sodass sie vollständig damit überzogen sind, und zum Festwerden auf das Backpapier legen.

Butter und Zucker in einer Schüssel cremig schlagen, dann Eigelb und Limettensaft einrühren. Mehl und Salz darübersieben. Zitronenschale zufügen und alles gut mischen. Den Teig halbieren, Kugeln daraus formen und in Frischhaltefolie gewickelt 30–60 Minuten im Kühlschrank ruhen lassen.

Den Backofen auf 190 °C vorheizen. Zwei Backbleche mit Backpapier auslegen.

Den Teig 3 mm dick ausrollen. Mit einem runden Förmchen (6 cm Ø) Kreise ausstechen und in ausreichendem Abstand auf die Backbleche legen.

Die Taler 10–15 Minuten goldbraun backen. Zum Abkühlen zunächst 5–10 Minuten auf den Backblechen liegen lassen, dann mit einem Palettenmesser auf Kuchengitter heben und vollständig abkühlen lassen.

Für die Glasur Eiweiß und Saft mit Puderzucker glatt rühren. Die Taler damit bestreichen und mit je einer Zeste verzieren. Die Glasur fest werden lassen.

Orangentaler & Zitronenmonde

Ergibt etwa 30 Stück

250 g weiche Butter
150 g Zucker
1 Eigelb, leicht verquirlt
300 g Mehl
1 Prise Salz
fein abgeriebene Schale von 1 Orange
fein abgeriebene Schale von 1 Zitrone

Dekoration

1 EL leicht verquirltes Eiweiß
1 EL Zitronensaft
120 g Puderzucker
Lebensmittelfarbe in Gelb und Orange
15 Scheiben kandierte Zitrone
15 Scheiben kandierte Orange

Butter und Zucker in einer Schüssel cremig schlagen, dann das Eigelb einrühren. Mehl und Salz darübersieben und alles gut mischen. Den Teig halbieren. In eine Hälfte die Orangenschale, in die andere die Zitronenschale kneten. Kugeln formen und in Frischhaltefolie gewickelt 30–60 Minuten im Kühlschrank ruhen lassen.

Den Backofen auf 190 °C vorheizen. Ein Backblech mit Backpapier auslegen.

Den Orangenteig zwischen zwei Lagen Backpapier ausrollen. Mit einem runden Förmchen (6 cm Ø) Kreise ausstechen und auf das Backblech legen. Den Zitronenteig ausrollen und Halbmonde ausstechen; auch diese in ausreichendem Abstand auf das vorbereitete Backblech legen.

10–15 Minuten goldgelb backen. Zum Abkühlen zunächst 5–10 Minuten auf dem Backblech liegen lassen, dann mit einem Palettenmesser auf ein Kuchengitter heben und vollständig abkühlen lassen.

Für die Glasur Eiweiß und Saft mit Puderzucker glatt rühren. Die Hälfte in eine andere Schüssel füllen und beide Portionen unterschiedlich einfärben. Die Orangentaler orange, die Zitronenmonde gelb glasieren und mit einer passenden Obstscheibe belegen. Die Glasur fest werden lassen.

Erdnusscremegebäck mit Weintraubengelee

Ergibt etwa 25 Stück

250 g weiche Butter
150 g Zucker
1 Eigelb, leicht verquirlt
2 Tütchen Vanillezucker
100 g grobe Erdnusscreme
300 g Mehl
1 Prise Salz
4 EL Weintraubengelee

Den Backofen auf 190 °C vorheizen. Ein Backblech mit Backpapier auslegen.

Butter und Zucker in einer Schüssel cremig schlagen, dann Eigelb, Vanillezucker und Erdnusscreme einrühren. Mehl und Salz darübersieben und mit einem Holzlöffel unterrühren, bis alle Zutaten gut miteinander vermengt sind.

Aus dem Teig esslöffelgroße Portionen abstechen und mit den Händen zu Kugeln formen. In ausreichendem Abstand auf das vorbereitete Backblech legen. In die Mitte jeder Kugel mit einem angefeuchteten Holzlöffelstiel eine Mulde drücken und diese mit dem Gelee füllen.

12–15 Minuten goldgelb backen. Zum Abkühlen zunächst 5–10 Minuten auf dem Backblech liegen lassen, danach mit einem Palettenmesser auf ein Kuchengitter heben und vollständig abkühlen lassen.

Kirschringe mit Zitronenglasur

Ergibt 15–18 Stück

125 g Butter, plus etwas mehr zum Einfetten
100 g brauner Zucker
1 Eigelb
fein abgeriebene Schale von ½ Zitrone
200 g Mehl, plus etwas mehr zum Bestäuben
50 g Belegkirschen, fein gehackt

Glasur

80 g Puderzucker
2 EL Zitronensaft

Den Backofen auf 200 °C vorheizen. Zwei Backbleche leicht einfetten.

Butter und Zucker in einer Schüssel cremig schlagen, dann Eigelb und Zitronenschale einrühren. Das Mehl darübersieben. Die Belegkirschen zufügen und alles zu einem weichen Teig verarbeiten.

Den Teig auf einer leicht bemehlten Arbeitsfläche 5 mm dick ausrollen. Mit einem runden Ausstecher (8 cm Ø) Kreise ausstechen. Aus diesen Kreisen mit einem weiteren Ausstecher (3 cm Ø) die Mitte ausstechen und auf diese Weise Ringe herstellen. Teigreste erneut ausrollen. Die Ringe auf die vorbereiteten Backbleche verteilen.

12–15 Minuten goldgelb backen. Herausnehmen und 2 Minuten auf den Backblechen abkühlen lassen, dann auf Kuchengitter heben und vollständig abkühlen lassen.

Für die Glasur Puderzucker und 1 Esslöffel Zitronensaft in einer Schüssel glattrühren. Nur bei Bedarf den übrigen Zitronensaft verwenden. Mit der Glasur Linien über die Ringe ziehen und fest werden lassen.

Bananen-Karamell-Cookies

Ergibt etwa 30 Stück

250 g weiche Butter
150 g Zucker
1 Eigelb, leicht verquirlt
25 g Ingwerpflaumen in Sirup, fein gehackt, plus 2 TL Sirup aus dem Glas
300 g Mehl
1 Prise Salz
80 g getrocknete Bananen, fein gehackt
etwa 15 weiche Sahne-Karamellbonbons mit Schokoladenüberzug

Butter und Zucker in einer Schüssel cremig schlagen, dann Eigelb, Ingwer und Sirup einrühren. Mehl und Salz darübersieben. Bananen zufügen und mit einem Holzlöffel unterrühren, bis alle Zutaten gut miteinander vermengt sind. Den Teig halbieren, Kugeln daraus formen und in Frischhaltefolie gewickelt 30–60 Minuten im Kühlschrank ruhen lassen.

Den Backofen auf 190 °C vorheizen. Ein Backblech mit Backpapier auslegen.

Den Teig aus der Folie nehmen und zwischen zwei Lagen Backpapier ausrollen. Mit einem runden Förmchen mit Wellenrand (6 cm Ø) Kreise ausstechen und die Hälfte davon in ausreichendem Abstand auf das vorbereitete Backblech legen. Ein Karamellbonbon in die Mitte jedes Kreises setzen, mit den restlichen Teigkreisen belegen und die Ränder etwas zusammendrücken.

10–15 Minuten hellgoldbraun backen. Zum Abkühlen zunächst 5–10 Minuten auf dem Backblech liegen lassen, dann mit einem Palettenmesser auf ein Kuchengitter heben und vollständig abkühlen lassen.

Cookies mit kandierten Früchten

Ergibt etwa 30 Stück

250 g weiche Butter
150 g Zucker
1 Eigelb, leicht verquirlt
2 Tütchen Vanillezucker
300 g Mehl
1 Prise Salz

Belag

4 EL Ahornsirup
50 g Butter
50 g Zucker
120 g getrocknete Pfirsiche, gehackt
50 g Belegkirschen, gehackt
50 g gemischtes Zitronat und Orangeat, gehackt
80 g ungesalzene Macadamianüsse, gehackt
25 g Mehl

Butter und Zucker in einer Schüssel cremig schlagen, dann Eigelb und Vanillezucker einrühren. Mehl und Salz darübersieben und mit einem Holzlöffel unterrühren, bis alle Zutaten gut miteinander vermengt sind. Den Teig halbieren, Kugeln daraus formen und in Frischhaltefolie gewickelt 30–60 Minuten kalt stellen.

Den Backofen auf 190 °C vorheizen. Ein Backblech mit Backpapier auslegen.

Den Teig aus der Folie nehmen und zwischen zwei Lagen Backpapier ausrollen. Mit einem runden Förmchen (6 cm Ø) Kreise ausstechen und in ausreichendem Abstand auf das vorbereitete Backblech legen.

Für den Belag Sirup, Butter und Zucker in einem Topf bei niedriger Hitze unter gelegentlichem Rühren schmelzen. In der Zwischenzeit die getrockneten und kandierten Früchte mit Nüssen und Mehl in einer Schüssel gut mischen, dann die zähflüssige Sirupmasse unterrühren. Das Gemisch auf die Cookies verteilen und bis an die Ränder damit bestreichen.

10–15 Minuten backen, bis der Teig fest ist. Zum Abkühlen zunächst 5–10 Minuten auf dem Backblech liegen lassen. Mit einem Palettenmesser auf ein Kuchengitter heben und abkühlen lassen.

Walnuss-Feigen-Schnecken

Ergibt etwa 30 Stück

250 g weiche Butter

200 g Zucker

1 Eigelb, leicht verquirlt

250 g Mehl

1 Prise Salz

50 g Walnüsse, gemahlen

Füllung

125 ml Wasser

250 g getrocknete Feigen, fein gehackt

5 EL frisch gebrühter Pfefferminztee

2 TL sehr fein gehackte frische Pfefferminzblätter

Butter und 150 g Zucker in einer Schüssel cremig schlagen, dann das Eigelb einrühren. Mehl und Salz darübersieben. Walnüsse zufügen und mit einem Holzlöffel unterrühren, bis alle Zutaten gut miteinander vermengt sind. Den Teig zu einer Kugel formen und in Frischhaltefolie gewickelt 30–60 Minuten im Kühlschrank ruhen lassen.

In der Zwischenzeit den übrigen Zucker in einem Topf mit 125 ml Wasser, Feigen, Tee und Pfefferminzblättern aufkochen. Rühren, bis sich der Zucker aufgelöst hat. Die Hitze reduzieren und unter gelegentlichem Umrühren 5 Minuten köcheln. Vom Herd nehmen und abkühlen lassen.

Den Teig zu einem Quadrat (30 cm Seitenlänge) ausrollen. Mit der Feigenfüllung bestreichen und von einer Seite her aufrollen. In Frischhaltefolie gewickelt weitere 30 Minuten kalt stellen. Den Backofen auf 190 °C vorheizen. Ein Backblech mit Backpapier auslegen.

Den Teig mit einem scharfen Messer mit Wellenschliff in dünne Scheiben schneiden und mit ausreichendem Abstand auf das Backblech legen. 10–15 Minuten goldgelb backen. Zum Abkühlen zunächst 5–10 Minuten auf dem Backblech liegen lassen, dann auf ein Kuchengitter heben und vollständig abkühlen lassen.

Doppeldecker mit Nüssen & Honig

Ergibt etwa 30 Stück

220 g weiche Butter
150 g Zucker
1 Eigelb, leicht verquirlt
2 Tütchen Vanillezucker
300 g Mehl
1 Prise Salz
50 g ungesalzene Macadamianüsse, Cashew- oder Pinienkerne, fein gehackt

Füllung

80 g Butter
80 g Puderzucker
80 g Kleehonig oder anderer fester Honig

Den Backofen auf 190 °C vorheizen. Zwei Backbleche mit Backpapier auslegen.

Butter und Zucker in einer Schüssel cremig schlagen, dann Eigelb und Vanillezucker einrühren. Mehl und Salz darübersieben und mit einem Holzlöffel unterrühren, bis alle Zutaten gut miteinander vermengt sind.

Aus dem Teig esslöffelgroße Portionen abstechen und zu Kugeln formen. Die Hälfte davon in ausreichendem Abstand auf eines der Backbleche setzen und etwas flachdrücken. Die Nüsse in einen tiefen Teller geben und die übrigen Teigkugeln mit einer Seite hineindrücken. Mit der Nussseite nach oben auf das zweite Backblech legen und etwas abflachen.

10–15 Minuten goldbraun backen. Zum Abkühlen zunächst 5–10 Minuten auf den Backblechen liegen lassen, dann mit einem Palettenmesser auf Kuchengitter heben und vollständig abkühlen lassen.

Für die Füllung Butter mit Puderzucker und Honig zu einer Paste verrühren. Die erste Hälfte der Plätzchen damit bestreichen und die Nussplätzchen daraufsetzen.

Exotische Mango-Kokos-Cookies

Ergibt etwa 30 Stück

250 g weiche Butter
150 g Zucker
1 Eigelb, leicht verquirlt
50 g Ingwerpflaumen in Sirup, gehackt, plus 2 TL Sirup aus dem Glas
300 g Mehl
1 Prise Salz
50 g gerocknete Mango, gehackt
100 g Kokosraspel

Butter und Zucker in einer großen Rührschüssel cremig schlagen, dann Eigelb und Ingwersirup einrühren. Mehl und Salz über den Teig sieben, Ingwer und Mango zugeben und alles gut mischen.

Die Kokosraspeln in eine flache Schale schütten. Den Teig zu einem Block formen und in den Kokosraspeln wälzen, dann in Frischhaltefolie wickeln und 30–60 Minuten im Kühlschrank ruhen lassen.

Den Backofen auf 190 °C vorheizen. Zwei Backblecke mit Backpapier auslegen, den Block aus der Frischhaltefolie nehmen und mit einem Messer mit Wellenschliff in 5 mm dicke Scheiben schneiden. Diese in ausreichendem Abstand auf die vorbereiteten Backbleche legen.

Im vorgeheizten Ofen 12–15 Minuten goldbraun backen. 5–10 Minuten auf den Backblechen ruhen lassen, dann die Cookies auf Kuchengitter heben und vollständig abkühlen lassen.

Knusprige Müslikekse

Ergibt 24 Stück

125 g weiche Butter, plus etwas mehr zum Einfetten

90 g braunen Zucker

1 EL Honig

125 g Mehl

1 TL Backpulver

1 Prise Salz

60 g getrocknete Aprikosen, gehackt

50 g getrocknete Feigen, gehackt

120 g Haferflocken

1 EL Milch (bei Bedarf)

50 g Sultaninen oder Cranberrys

50 g Walnüsse, grob gehackt

Den Backofen auf 160 °C vorheizen. Zwei Backbleche einfetten.

Butter, Zucker und Honig in einem Topf mischen und schwach erhitzen. Mehl, Backpulver und Salz in eine große Rührschüssel sieben, Aprikosen, Feigen und Haferflocken zugeben. Die Butter-Zucker-Masse zugießen und alles gut vermengen. Falls der Teig zu fest sein sollte, die Milch zugeben.

24 esslöffelgroße Portionen abstechen und jede zu einer Kugel formen. In ausreichendem Abstand auf den vorbereiteten Backblechen verteilen. Die Kugeln nun auf 6 cm Ø flachdrücken. Sultanien und Walnüsse mischen und in die Kekse drücken.

Im vorgeheizten Ofen 15 Minuten backen und anschließend abkühlen lassen. 5 Minuten auf den Backblechen ruhen lassen, dann die Kekse auf Kuchengitter heben und vollständig abkühlen lassen

Variation

Statt der Sultaninen-Walnuss-Mischung 100 g gemischte Nüsse nehmen.

Pfirsich-Birnen-Plätzchen

Ergibt etwa 30 Stück

250 g weiche Butter

150 g Zucker

1 Eigelb, leicht verquirlt

5 Tropfen Bittermandelaroma

300 g Mehl

1 Prise Salz

50 g getrocknete Pfirsiche, fein gehackt

50 g getrocknete Birnen, fein gehackt

4 EL Pflaumenkonfitüre

Den Backofen auf 190 °C vorheizen. Ein Backblech mit Backpapier auslegen.

Butter und Zucker in einer Schüssel cremig schlagen, dann Eigelb und Bittermandelaroma einrühren. Mehl und Salz darübersieben. Die Trockenfrüchte zugeben und mit einem Holzlöffel unterrühren, bis alle Zutaten gut miteinander vermengt sind.

Aus dem Teig esslöffelgroße Portionen abstechen und zu Kugeln formen. In ausreichendem Abstand auf das Backblech legen und leicht flachdrücken. Mit dem angefeuchteten Stiel eines Holzlöffels eine Mulde in die Mitte der Teigportionen drücken und diese mit der Konfitüre füllen.

12–15 Minuten goldgelb backen. Zum Abkühlen zunächst 5–10 Minuten auf dem Backblech liegen lassen, dann mit einem Palettenmesser auf ein Kuchengitter heben und vollständig abkühlen lassen.

Erdnusspärchen

Ergibt etwa 30 Stück
250 g weiche Butter
150 g Zucker
1 Eigelb, leicht verquirlt
300 g Mehl
1 TL gemahlener Ingwer
1 Prise Salz
2 TL fein abgeriebene Zitronenschale

Dekoration
3 EL feine Erdnusscreme
3 EL Puderzucker
50 g geröstete, ungesalzene Erdnüsse

Butter und Zucker in einer Schüssel cremig schlagen, dann das Eigelb einrühren. Mehl mit Ingwer und Salz darübersieben. Die Zitronenschale zufügen und mit einem Holzlöffel unterrühren, bis alle Zutaten gut miteinander vermengt sind. Den Teig halbieren, Kugeln daraus formen und in Frischhaltefolie gewickelt 30–60 Minuten im Kühlschrank ruhen lassen.

Den Backofen auf 190 °C vorheizen. Zwei Backbleche mit Backpapier auslegen.

Den Teig aus der Folie nehmen und zwischen zwei Lagen Backpapier 3 mm dick ausrollen. Mit einem runden Förmchen (6 cm Ø) Kreise ausstechen und in ausreichendem Abstand auf die vorbereiteten Backbleche legen.

10–15 Minuten goldgelb backen. Zum Abkühlen zunächst 5–10 Minuten auf den Backblechen liegen lassen, dann mit einem Palettenmesser auf ein Kuchengitter heben und vollständig abkühlen lassen.

Die Erdnusscreme mit dem Puderzucker in einer Schüssel gut verrühren; falls nötig, etwas Wasser zufügen. Die Kekse mit der Creme bestreichen und mit ganzen oder gehackten Erdnüssen dekorieren.

Süße Spezialitäten

Schwarzweiß-Gebäck

Ergibt 30 Stück

250 g weiche Butter

150 g Zucker

1 Eigelb, leicht verquirlt

2 Tütchen Vanillezucker

300 g Mehl

1 Prise Salz

1 TL gemahlener Ingwer

1 EL fein abgeriebene Orangenschale

1 EL Kakaopulver

1 Eiweiß, leicht verquirlt

Butter und Zucker in einer Schüssel cremig schlagen, dann Eigelb und Vanillezucker einrühren. Mehl und Salz darübersieben und mit einem Holzlöffel unterrühren, bis alle Zutaten gut miteinander vermengt sind.

Den Teig halbieren. Ingwer und Orangenschale unter die eine Hälfte rühren, danach einen 5 cm hohen und breiten Quader daraus formen. In Frischhaltefolie wickeln und 30–60 Minuten im Kühlschrank ruhen lassen. Den Kakao unter die andere Teighälfte kneten und so wie den ersten formen. Ebenfalls in Folie gewickelt 30–60 Minuten im Kühlschrank ruhen lassen.

Die Teigblöcke der Länge nach dritteln und jedes Stück der Länge nach in drei Streifen schneiden. Alle Streifen mit Eiweiß bestreichen und farblich abwechselnd in Dreierreihen zusammenlegen, sodass wieder zwei Quader entstehen. In Frischhaltefolie gewickelt 30–60 Minuten kalt stellen.

Den Backofen auf 190 °C vorheizen. Ein Backblech mit Backpapier auslegen. Den Teig aus der Folie nehmen und mit einem scharfen Messer mit Wellenschliff quer in Scheiben schneiden. In ausreichendem Abstand auf das Backblech legen und 12–15 Minuten backen. 5 Minuten auf dem Backblech liegen lassen. Danach auf Kuchengitter heben und vollständig abkühlen lassen.

Keksfinger Napoli

Ergibt 20 Stück

250 g weiche Butter

150 g Zucker

1 Eigelb, leicht verquirlt

1 Tütchen Vanillezucker

300 g Mehl

1 Prise Salz

1 EL Kakaopulver

3 Tropfen Bittermandelaroma

grüne Lebensmittelfarbe

1 Eiweiß, leicht verquirlt

Butter und Zucker in einer Schüssel cremig schlagen, dann das Eigelb zugeben. Die Masse auf drei Schüsseln verteilen.

In die erste Schüssel den Vanillezucker geben. Ein Drittel der Mehlmenge und wenig Salz darübersieben und unterrühren, bis alle Zutaten gut vermengt sind. In Frischhaltefolie gewickelt 30–60 Minuten im Kühlschrank ruhen lassen. In die zweite Schüssel ein Drittel der Mehlmenge, Kakaopulver und wenig Salz sieben und alles gut verrühren. Den Teig in Frischhaltefolie wickeln und in den Kühlschrank legen. In die dritte Schüssel das Bittermandelaroma geben, das restliche Mehl und wenig Salz darübersieben und alles gut mischen. Den Teig grün einfärben und in Frischhaltefolie gewickelt im Kühlschrank ebenfalls 30–60 Minuten ruhen lassen.

Den Backofen auf 190 °C vorheizen. Ein Backblech mit Backpapier auslegen. Den Teig zu Rechtecken ausrollen. Die Oberfläche des hellen Teigs mit etwas Eiweiß bestreichen, dann den braunen Teig darauflegen. Diesen mit Eiweiß bestreichen und mit dem grünen Rechteck belegen. Den Teig in 5 mm dicke Streifen schneiden und diese halbieren.

Auf das Backblech legen und 10–12 Minuten backen. 5–10 Minuten auf dem Backblech liegen lassen. Mit einem Palettenmesser auf Kuchengitter heben und abkühlen lassen.

Cappuccino-Cookies

Ergibt 30 Stück

2 Tassenportionen Instant-Cappuccino
1 EL heißes Wasser
250 g weiche Butter
150 g Zucker
1 Eigelb, leicht verquirlt
300 g Mehl
1 Prise Salz

Dekoration

175 g weiße Schokolade, in Stücke gebrochen
Kakaopulver, zum Bestäuben

Das Instantpulver in einer kleinen Schüssel mit dem heißen, aber nicht kochenden Wasser zu einer Paste verrühren.

Butter und Zucker in einer Schüssel cremig schlagen, dann das Eigelb und die Cappuccino-Paste einrühren. Mehl und Salz darübersieben und mit einem Holzlöffel unterrühren, bis alle Zutaten gut miteinander vermengt sind. Den Teig halbieren, Kugeln daraus formen und in Frischhaltefolie gewickelt 30–60 Minuten im Kühlschrank ruhen lassen.

Den Backofen auf 190 °C vorheizen. Ein Backblech mit Backpapier auslegen.

Den Teig aus der Folie nehmen und zwischen zwei Lagen Backpapier ausrollen. Mit einem runden Förmchen (6 cm Ø) Kreise ausstechen und in ausreichendem Abstand auf das vorbereitete Backblech legen.

10–12 Minuten goldgelb backen. Zum Abkühlen zunächst 5–10 Minuten auf dem Backblech liegen lassen, dann auf Kuchengitter heben und vollständig abkühlen lassen.

Backpapier unter die Kuchengitter legen. Die Schokolade im Wasserbad schmelzen. Vom Herd nehmen und etwas abkühlen lassen, dann die Cookies damit überziehen. Leicht mit Kakaopulver bestäuben.

Spanische Mandelplätzchen

Ergibt 15 Stück

75 g weiche Butter, plus etwas mehr zum Einfetten
75 g Zucker
2 Tropfen Bittermandelaroma
50 g Mehl
50 g gemahlene Mandeln (ohne Schale)
2 Eiweiß

Den Backofen auf 180 °C vorheizen. Ein Backblech mit Butter einfetten.

Butter und Zucker in einer großen Rührschüssel cremig schlagen. Bittermandelaroma, Mehl und Mandeln vermischen.

Eiweiß in einer großen Rührschüssel steif schlagen, dann unter den Teig heben. Aus dem Teig 15 teelöffelgroße Portionen abstechen und in ausreichendem Abstand auf das vorbereitete Backblech geben.

Im vorgeheizten Ofen 15–20 Minuten backen, bis die Ränder goldbraun werden. 2–3 Minuten ruhen lassen, dann auf ein Kuchengitter heben und vollständig abkühlen lassen.

Variation
Nach Belieben mit geschmolzener Schokolade bestreichen.

Super

Blümchen-Cookies

Ergibt 30 Stück

250 g weiche Butter
150 g Zucker
1 Eigelb, leicht verquirlt
2 Tütchen Vanillezucker
250 g Mehl
50 g Kakaopulver
1 Prise Salz

Dekoration

90 Mini-Marshmallows, waagerecht halbiert
4 EL Pfirsich- oder Aprikosenkonfitüre
4 EL gelbe Zuckerstreusel

Butter und Zucker in einer Schüssel cremig schlagen, dann Eigelb und Vanillezucker einrühren. Mehl mit Kakaopulver und Salz darübersieben und mit einem Holzlöffel unterrühren, bis alle Zutaten gut miteinander vermengt sind. Den Teig halbieren und in Frischhaltefolie gewickelt 30–60 Minuten im Kühlschrank ruhen lassen.

Den Backofen auf 190 °C vorheizen. Ein Backblech mit Backpapier auslegen. Den Teig aus der Folie nehmen und 8 mm dick ausrollen. Mit einem Blumenförmchen (5 cm Ø) etwa 30 Cookies ausstechen und in ausreichendem Abstand auf das vorbereitete Backblech legen.

10–12 Minuten backen, bis der Teig fest ist. Das Backblech herausnehmen, aber den Backofen nicht ausschalten. Die Marshmallow-Hälften auf die Blütenblätter setzen. Für 30–60 Sekunden nochmals in den Ofen schieben, bis die Marshmallows weich werden.

Herausnehmen und auf dem Backblech 5–10 Minuten ruhen lassen. Mit einem Palettenmesser auf ein Kuchengitter heben und abkühlen lassen. In der Zwischenzeit die Konfitüre in der Mikrowelle erwärmen. Als Dekoration einen Klecks in die Mitte jeder Blüte setzen und mit Zuckerstreusel verzieren.

Himbeerkrater

Ergibt 36 Stück

110 g weiche Butter
125 g Zucker
1 Ei (Größe L), getrennt
1 Tütchen Vanillezucker
175 g Mehl
1 Prise Salz
25 g gemahlene Mandeln
100 g Himbeergelee

Den Ofen auf 180 °C vorheizen. Zwei Backbleche mit Backpapier auslegen. Butter und 100 g Zucker in einer Schüssel cremig schlagen, dann Eigelb und Vanillezucker einrühren. Mehl und Salz darübersieben und mit einem Holzlöffel unterrühren, bis alle Zutaten gut miteinander vermengt sind.

Den übrigen Zucker mit den Mandeln vermengen und in einen tiefen Teller schütten. Das Eiweiß in einer sauberen Schüssel leicht steif schlagen. Walnussgroße Stücke Teig mit den Händen zu Kugeln formen und zuerst in Eiweiß, dann in der Zucker-Mandel-Mischung wälzen.

Die Kugeln in ausreichendem Abstand auf die vorbereiteten Backbleche legen und in jede eine Vertiefung drücken. 10 Minuten backen, dann die Bleche aus dem Ofen nehmen, die Vertiefung noch einmal nachdrücken und mit Himbeergelee füllen. Weiter 10–12 Minuten backen, bis die Plätzchen goldbraun sind. Zwischendurch das Backblech im Ofen einmal drehen. Die Plätzchen auf Kuchengitter heben und abkühlen lassen.

Tag-und-Nacht-Cookies

Ergibt 20 Stück

120 g Butter, plus etwas mehr zum Einfetten
1 Tütchen Vanillezucker
175 g Zucker
2 Eier, leicht verquirlt
300 g Mehl
½ TL Backpulver
200 ml Milch

Glasur

200 g Puderzucker
100 g Sahne
½ Tütchen Vanillezucker
75 g Zartbitterschokolade, in Stücke gebrochen

Den Backofen auf 190 °C vorheizen. Ein Backblech mit Butter einfetten.

Butter, Vanillezucker und Zucker in einer großen Rührschüssel cremig schlagen, dann die Eier einrühren.

Mehl und Backpulver darübersieben und unter die Butter-Zucker-Masse heben. Milch einarbeiten, bis die Masse eine zähflüssige Konsistenz erhält.

20 esslöffelgroße Portionen Teig in ausreichendem Abstand auf die vorbereiteten Backbleche geben. Im vorgeheizten Ofen 15 Minuten backen, bis die Ränder goldgelb und leicht fest sind. Die Cookies auf ein Kuchengitter heben, damit sie vollständig abkühlen.

Für die Glasur den Puderzucker mit der Hälfte der Sahne und dem Vanillezucker in einer Schüssel verrühren. Die Masse sollte fest und gerade noch streichfähig sein. Mit einem Palettenmesser eine Hälfte des Cookies mit weißer Glasur bestreichen. Die Schokolade im Wasserbad schmelzen. Von der Kochstelle nehmen und die übrige Sahne einrühren. Mit dieser dunklen Glasur die noch freie Hälfte des Cookies bestreichen. Die Glasur vollständig fest werden lassen.

Chinesische Glückskekse

Ergibt 12 Stück

2 EL Erdnussöl, zum Einfetten

2 Eiweiß

½ Tütchen Vanillezucker

3 EL Sonnenblumenöl

100 g Mehl

2 TL Speisestärke

1 Prise Salz

150 g Zucker

3 TL Wasser

Schreiben Sie Glückssprüche und Weisheiten auf sehr schmale Papierstreifen. Den Backofen auf 180 °C vorheizen und zwei große Backbleche mit Erdnussöl einfetten. Die Bleche nicht vorheizen.

Eiweiß, Vanillezucker und Öl in einer großen Rührschüssel mit einem Handmixer schaumig, aber nicht steif schlagen.

Mehl, Speisestärke, Salz und Zucker in einer weiteren Rührschüssel mit Wasser verrühren. Die Eiweißmasse dazugeben und verrühren. Pro Keks etwa einen knappen Esslöffel Teig in ausreichendem Abstand auf die Backbleche geben und auseinanderlaufen lassen, bis sie etwa 8 cm Ø erreicht haben. Im vorgeheizten Ofen 8 Minuten backen, bis die Ränder anfangen, braun zu werden.

Mithilfe eines Teigschabers die noch heißen Kekse vom Backblech heben und nun jeden der Kekse in der Mitte locker zusammenklappen, um einen doppellagigen Halbkreis zu formen. Die beiden Enden zusammenführen und den Kekes mittig über den Rand einer Tasse stülpen. Dann die Zeigefinger in die beiden Öffnungen führen und mit den Daumen in die typische Glückskeksform bringen. Zum Schluss den Papierstreifen einziehen und den Keks auf Küchenpapier abkühlen lassen. Um die Sache zu beschleunigen, eventuell zu zweit arbeiten.

Osterplätzchen

Ergibt 30 Stück

250 g weiche Butter

150 g Zucker, plus etwas mehr zum Bestreuen

1 Eigelb, leicht verquirlt

300 g Mehl

1 TL Lebkuchengewürz

1 Prise Salz

1 EL gemischtes Zitronat und Orangeat

50 g Korinthen

1 Eiweiß, leicht verquirlt

Butter und Zucker in einer Schüssel cremig schlagen, dann das Eigelb einrühren. Mehl, Lebkuchengewürz und Salz darübersieben. Orangeat und Zitronat mit Korinthen zufügen und mit einem Holzlöffel unterrühren, bis alle Zutaten gut miteinander vermengt sind. Den Teig halbieren, Kugeln daraus formen und in Frischhaltefolie gewickelt 30–60 Minuten im Kühlschrank ruhen lassen.

Den Backofen auf 190 °C vorheizen. Ein Backblech mit Backpapier auslegen.

Den Teig aus der Folie nehmen und zwischen zwei Lagen Backpapier ausrollen. Mit einer runden Ausstechform mit Wellenrand (6 cm Ø) Kreise ausstechen und in ausreichendem Abstand auf das Backblech legen.

Die Plätzchen 7 Minuten backen, dann mit Eiweiß bestreichen und mit etwas Zucker bestreuen. Weitere 5–8 Minuten backen, bis das Gebäck eine schöne goldbraune Farbe angenommen hat. Auf dem Backblech 5–10 Minuten ruhen lassen, dann mit einem Palettenmesser auf ein Kuchengitter heben und abkühlen lassen.

Orientalische Pistazienplätzchen

Ergibt 30 Stück

250 g weiche Butter

150 g Zucker

3 Tropfen ätherisches Rosenöl, ersatzweise 1 EL Rosenwasser

1 Eigelb, leicht verquirlt

5 Tropfen Bittermandelaroma

300 g Mehl

1 Prise Salz

100 g Pistazien, gehackt

Dekoration

175 g weiße Mini-Marshmallows, waagerecht halbiert

30 g Kokosraspel

Butter, Zucker und Rosenöl oder Rosenwasser in einer Schüssel cremig schlagen, dann Eigelb und Bittermandelaroma einrühren. Mehl und Salz darübersieben, Pistazien zufügen und mit einem Holzlöffel unterrühren, bis alle Zutaten gut miteinander vermengt sind. Den Teig halbieren, Kugeln daraus formen und in Frischhaltefolie gewickelt 30–60 Minuten im Kühlschrank ruhen lassen.

Den Backofen auf 190 °C vorheizen. Ein Backblech mit Backpapier auslegen.

Den Teig aus der Folie nehmen und zwischen zwei Lagen Backpapier ausrollen. Mit einem scharfen Messer in 6 cm x 6 cm große Quadrate schneiden und auf das Backblech legen.

12–15 Minuten goldgelb backen und aus dem Ofen nehmen. Die Oberflächen mit den Marshmallows belegen, mit Wasser bestreichen und Kokosraspel darüber streuen. Für weitere 30–60 Sekunden in den Ofen schieben, bis die Marshmallows weich sind. Zum Abkühlen zunächst 5–10 Minuten auf dem Backblech liegen lassen, dann mit einem Palettenmesser auf ein Kuchengitter heben und vollständig abkühlen lassen.

Provenzalisches Gebäck

Ergibt 40 Stück

250 g weiche Butter

175 g Zucker

1 großes Ei, leicht verquirlt

250 g Mehl

2 TL Backpulver

1 Prise Salz

1 EL fein zerriebene getrocknete Lavendelblüten

Den Backofen auf 190 °C vorheizen. Ein Backblech mit Backpapier auslegen.

Butter und Zucker in einer Schüssel cremig schlagen, dann das Ei einrühren. Mehl, Backpulver und Salz darübersieben. Die Lavendelblüten zufügen und mit einem Holzlöffel unterrühren, bis alle Zutaten gut miteinander vermengt sind.

Aus dem Teig 40 esslöffelgroße Portionen abstechen und in ausreichendem Abstand auf das Backblech geben. 10–12 Minuten goldgelb backen und 5–10 Minuten auf dem Backblech ruhen lassen, dann mit einem Palettenmesser auf Kuchengitter heben und vollständig abkühlen lassen.

Variation

Statt Lavendel können Sie 2 Teelöffel getrockneten Rosmarin verwenden.

Edle Zuckerherzen

Ergibt 30 Stück

250 g weiche Butter

150 g Zucker

1 Eigelb, leicht verquirlt

2 Tütchen Vanillezucker

250 g Mehl

25 g Kakaopulver

1 Prise Salz

Dekoration

150 g Zucker

4 verschiedene Lebensmittelfarben (Pasten)

100 g Zartbitterschokolade, in Stücke gebrochen

Butter und Zucker in einer Schüssel cremig schlagen, dann Eigelb und Vanillezucker einrühren. Mehl, Kakaopulver und Salz darübersieben und unterrühren, bis alle Zutaten gut vermengt sind. Den Teig halbieren, Kugeln daraus formen und in Frischhaltefolie gewickelt 30–60 Minuten im Kühlschrank ruhen lassen.

Den Backofen auf 190 °C vorheizen. Ein Backblech mit Backpapier auslegen. Den Teig ausrollen. Mit einem Herzförmchen Plätzchen ausstechen und auf das vorbereitete Backblech legen.

10–15 Minuten backen. Zum Abkühlen zunächst 5–10 Minuten auf dem Backblech liegen lassen, dann mit einem Palettenmesser auf ein Kuchengitter heben und vollständig abkühlen lassen.

Für die Dekoration den Zucker auf 4 kleine Plastikbeutel oder Schüsseln verteilen. Je etwas von den Farbpasten zugeben und verreiben, bis der Zucker gut durchgefärbt ist. (Beim Mischen in Schüsseln Gummihandschuhe tragen, sonst verfärben sich die Finger!) Die Schokolade im Wasserbad schmelzen, vom Herd nehmen und leicht abkühlen lassen. Die Herzen mit der Schokolade überziehen und mit dem gefärbten Zucker bestreuen. Die Schokolade fest werden lassen.

Schoko-Dominosteine

Ergibt 28 Stück

250 g weiche Butter

150 g Zucker

1 Eigelb, leicht verquirlt

2 Tütchen Vanillezucker

250 g Mehl

25 g Kakaopulver

1 Prise Salz

25 g Kokosraspel

50 g weiße Schokotropfen

Butter und Zucker in einer Schüssel cremig schlagen, dann Eigelb und Vanillezucker einrühren. Mehl, Kakaopulver und Salz darübersieben, Kokosraspel zufügen und mit einem Holzlöffel unterrühren, bis alle Zutaten gut miteinander vermengt sind. Den Teig halbieren, Kugeln daraus formen und in Frischhaltefolie gewickelt 30–60 Minuten im Kühlschrank ruhen lassen.

Den Backofen auf 190 °C vorheizen. Ein Backblech mit Backpapier auslegen.

Den Teig aus der Folie nehmen und zwischen zwei Lagen Backpapier ausrollen. Mit einem scharfen Messer 9 cm x 9 cm große Quadrate schneiden und diese dann halbieren. Auf das vorbereitete Backblech legen. Mit dem Messerrücken in der Mitte eindrücken, aber nicht durchschneiden. Die Schokotropfen wie Augen bei Dominosteinen anordnen und leicht eindrücken.

Die Dominosteine 10–15 Minuten goldbraun backen. Zum Abkühlen zunächst 5–10 Minuten auf dem Backblech liegen lassen, dann mit einem Palettenmesser auf ein Kuchengitter heben und vollständig abkühlen lassen.

Birnen-Pistazien-Cookies

Ergibt 30 Stück

250 g weiche Butter

150 g Zucker

1 Eigelb, leicht verquirlt

2 Tütchen Vanillezucker

300 g Mehl

1 Prise Salz

50 g getrocknete Birnen, fein gehackt

50 g Pistazien, gehackt

30 ganze Pistazien, zum Dekorieren

Den Backofen auf 190 °C vorheizen. Ein Backblech mit Backpapier auslegen.

Butter und Zucker in einer Schüssel cremig schlagen, dann Eigelb und Vanillezucker einrühren. Mehl und Salz darübersieben. Birnen und Pistazien zufügen und mit einem Holzlöffel unterrühren, bis alle Zutaten gut miteinander vermengt sind.

Aus dem Teig 30 esslöffelgroße Portionen abstechen und zu Kugeln formen. In ausreichendem Abstand auf das Backblech legen. Die Kugeln etwas flachdrücken, dann in die Mitte jedes Cookies eine ganze Pistazie legen und leicht andrücken.

10–15 Minuten goldbraun backen. Zum Abkühlen zunächst 5–10 Minuten auf dem Backblech liegen lassen, dann mit einem Palettenmesser auf ein Kuchengitter heben und vollständig abkühlen lassen.

Variation

Statt Pistazien nach Belieben gehackte Walnüsse verwenden.

Rüblikuchen-Kekse

Ergibt 30 Stück

120 g weiche Butter

90 g Zucker

75 g hellbrauner Zucker

1 Ei (Größe L)

½ Tütchen Vanillezucker

150 g Mehl

½ TL Natron

½ TL Zimt

80 g Karotten, sehr fein geraspelt

25 g gehackte Walnüsse

25 g Kokosraspeln

Den Backofen auf 190 °C vorheizen und ein Backblech mit Backpapier auslegen.

Butter und beide Zuckersorten in einer großen Rührschüssel schaumig schlagen, dann Ei und Vanillezucker einrühren. Mehl, Natron und Zimt darübersieben. Karotten, Walnüsse und Kokosraspeln dazugeben und mit einem Holzlöffel unterrühren, bis alle Zutaten gut miteinander vermengt sind.

30 gehäufte esslöffelgroße Portionen Teig in ausreichendem Abstand auf die vorbereiteten Backbleche legen und im vorgeheizten Ofen für 8–10 Minuten backen, bis die Ränder goldbraun werden.

2–3 Minuten auf dem Backblech ruhen lassen, dann auf ein Kuchengitter heben und vollständig abkühlen lassen.

Variation

Nach Belieben mit geschmolzener Schokolade oder Carob bestreichen.

Lebkuchentaler

Ergibt 60 Stück
3 Eier
200 g brauner Zucker
50 g Mehl
2 TL Kakaopulver
1 TL Zimt
½ TL gemahlener Kardamom
¼ TL gemahlene Nelken
¼ TL frisch geriebene Muskatnuss
175 g gemahlene Mandeln
50 g gemischtes Zitronat und
Orangeat, fein gehackt

Dekoration
120 g Zartbitterschokolade
120 g weiße Schokolade
Krümelkandis

Den Backofen auf 180 °C vorheizen. Zwei Backbleche mit Backpapier auslegen.

Eier und Zucker im Wasserbad cremig rühren. Vom Topf nehmen und 2 Minuten weiterrühren. Mehl, Kakao, Zimt, Kardamom, Nelken und Muskat über die Eiermischung sieben. Mandeln und Zitronat/Orangeat zufügen und mit einem Holzlöffel unterrühren, bis alle Zutaten gut miteinander vermengt sind. Den Teig teelöffelweise in ausreichendem Abstand auf den Backblechen verteilen und etwas flachdrücken.

Im vorgeheizten Ofen 15–20 Minuten hellbraun backen. Die Lebkuchen sollten auf Fingerdruck noch etwas nachgeben. Herausnehmen, 10 Minuten auf den Backblechen abkühlen lassen, dann auf Kuchengitter heben und vollständig abkühlen lassen.

Die beiden Schokoladensorten getrennt im Wasserbad schmelzen. Eine Hälfte der Lebkuchen mit weißer, die andere Hälfte mit dunkler Schokolade überziehen. Mit Krümelkandis bestreuen und fest werden lassen.

Pfirsich-Daiquiri-Cookies

Ergibt 30 Stück

250 g weiche Butter
150 g Zucker
fein abgeriebene Schale von 1 Limette
1 Eigelb, leicht verquirlt
2 TL weißer Rum
300 g Mehl
1 Prise Salz
100 g getrocknete Pfirsiche, gehackt

Dekoration

100 g Puderzucker
2 EL weißer Rum

Den Backofen auf 190 °C vorheizen. Ein Backblech mit Backpapier auslegen.

Butter, Zucker und Limettenschale in einer Schüssel cremig schlagen, dann Eigelb und Rum einrühren. Mehl und Salz darübersieben, Pfirsiche zufügen und mit einem Holzlöffel unterrühren, bis alle Zutaten gut miteinander vermengt sind.

Aus dem Teig 30 esslöffelgroße Portionen abstechen, in ausreichendem Abstand auf das Backblech legen und leicht flachdrücken. 10–15 Minuten goldgelb backen. Zum Abkühlen zunächst 5–10 Minuten auf dem Backblech liegen lassen, dann mit einem Palettenmesser auf Kuchengitter heben und vollständig abkühlen lassen.

Puderzucker in eine Schüssel sieben und nur so viel Rum einrühren, dass ein zäher Guss entsteht. Cookies auf den Kuchengittern mithilfe eines Spritzbeutels mit sehr feiner Spitze mit Zuckergusslinien verzieren. Die Glasur fest werden lassen.

Doppelherzen

Ergibt 30 Stück

1 Tassenportion Instant-Milchkaffee
2 TL heißes Wasser
250 g weiche Butter
150 g Zucker
1 Eigelb, leicht verquirlt
250 g Mehl
1 Prise Salz
1 Tütchen Vanillezucker
3 EL Kakaopulver

Das Kaffeepulver in einer Schüssel mit dem heißen, aber nicht kochenden Wasser zu einer Paste verrühren. Butter und Zucker in einer Schüssel cremig schlagen, dann das Eigelb einrühren. Die Masse halbieren. Unter eine Hälfte die Kaffeepaste ziehen, etwas Salz darübersieben und 140 g Mehl unterrühren, bis alle Zutaten gut vermengt sind. Den Teig in Frischhaltefolie gewickelt 60 Minuten im Kühlschrank ruhen lassen.

Unter die andere Hälfte den Vanillezucker, das übrige Mehl, Kakaopulver und sehr wenig Salz darübersieben und unterrühren, bis alle Zutaten gut miteinander vermengt sind. Den Teig ebenfalls in Frischhaltefolie wickeln und 30–60 Minuten im Kühlschrank ruhen lassen.

Den Backofen auf 190 °C vorheizen. Zwei Backbleche mit Backpapier auslegen.

Beide Teigkugeln ausrollen. Zuerst mit einem Förmchen 7 cm große Herzen ausstechen und auf die Backbleche legen. Dann mit einem 4–5 cm großen Herzförmchen das Innere der Herzen ausstechen und den Teig herausnehmen. Danach ein kleines, dunkles Herz in die Mitte eines großen, hellen Herzens legen und umgekehrt. Die Plätzchen 10–15 Minuten backen. 5–10 Minuten auf den Backblechen liegen lassen, dann auf Kuchengittern vollständig abkühlen lassen.

Dattelschnecken mit Pekannüssen

Ergibt 30 Stück

250 g weiche Butter
200 g Zucker
1 Eigelb, leicht verquirlt
250 g Mehl
50 g Kakaopulver
1 Prise Salz
100 g Pekannüsse, fein gemahlen
250 g getrocknete Datteln, grob gehackt
fein abgeriebene Schale von 1 Orange
175 ml Orangenblütenwasser

Butter und 150 g Zucker in einer Schüssel cremig schlagen, dann das Eigelb einrühren. Mehl mit Kakaopulver und Salz darübersieben. Die Nüsse zufügen und unterrühren, bis alle Zutaten gut vermengt sind. Den Teig halbieren und in Frischhaltefolie gewickelt 30–60 Minuten im Kühlschrank ruhen lassen.

Inzwischen Datteln, Orangenschale, Orangenblütenwasser und den übrigen Zucker in einem Topf bei schwacher Hitze erwärmen. Dabei ständig rühren, bis sich der Zucker aufgelöst hat. Langsam aufkochen, die Hitze reduzieren und unter gelegentlichem Rühren 5 Minuten köcheln lassen. Zum Abkühlen in eine Schüssel geben, dann in den Kühlschrank stellen.

Den Teig aus der Folie nehmen und die Hälften zu 5 mm dicken Rechtecken ausrollen. Die Dattelmasse darauf verstreichen. Den Teig von der kurzen Teigseite her behutsam aufrollen, in Frischhaltefolie einwickeln und nochmals 30 Minuten kalt stellen.

Den Backofen auf 190 °C vorheizen. Ein Backblech mit Backpapier auslegen. Die Teigrolle auswickeln und in 1 cm dicke Scheiben schneiden. Auf das Backblech legen und 15–20 Minuten goldgelb backen. 5–10 Minuten auf dem Backblech ruhen lassen, dann vorsichtig auf ein Kuchengitter heben und vollständig abkühlen lassen.

Margarita-Taler

Ergibt 30 Stück
250 g weiche Butter
150 g Zucker
fein abgeriebene Schale von 1 Limette
1 Eigelb, leicht verquirlt
2 TL Orangenlikör oder 5 Tropfen Orangenaroma
300 g Mehl
1 Prise Salz

Dekoration
100 g Puderzucker
2 EL weißer Tequila

Den Backofen auf 190 °C vorheizen. Ein Backblech mit Backpapier auslegen.

Butter, Zucker und Limettenschale in einer Schüssel cremig schlagen, dann Eigelb und Orangenlikör einrühren. Mehl und Salz darübersieben und unterrühren, bis alle Zutaten gut miteinander vermengt sind.

Aus dem Teig 30 esslöffelgroße Portionen abstechen, in ausreichendem Abstand auf das Backblech legen und leicht flachdrücken. 10–15 Minuten goldgelb backen. Zum Abkühlen zunächst 5–10 Minuten auf dem Backblech liegen lassen, dann mit einem Palettenmesser auf Kuchengitter heben und vollständig abkühlen lassen.

Puderzucker in eine Schüssel sieben und nur so viel Tequila zugießen, dass ein dickflüssiger Guss entsteht. Die Kekse auf den Kuchengittern mithilfe eines Spritzbeutels mit sehr feiner Spitze mit Zuckergusslinien verzieren. Die Glasur fest werden lassen.

Register

An: ....

....

Von: ....

....

Zum Probieren: ....

....

Gemacht am: ....

Zutaten: ....

....

Viel Spaß beim Naschen wünscht:

....

Zum Probieren:

....

....

Gemacht am:

....

Zutaten:

....

....

An:

....

....

Von:

....

....

Zum Probieren:

....

....

Gemacht am:

....

Zutaten:

....

....

Viel Spaß beim Naschen wünscht:

....

Zum Probieren:

....

....

Gemacht am:

....

Zutaten:

....

....

An:
....
....

Von:
....
....

Zum Probieren:
....
....

Gemacht am:
....

Zutaten:
....
....

Viel Spaß beim Naschen wünscht:

....

Zum Probieren:

....

....

Gemacht am:

....

Zutaten:

....

....

An: ....

....

Von: ....

....

Zum Probieren:

....

....

Gemacht am: ....

Zutaten:

....

....

Viel Spaß beim Naschen wünscht:

....

Zum Probieren:

....

....

Gemacht am:

....

Zutaten:

....

....